"我们把自己的健康托付给医生,把自己的财富,并且有时还把自己的名誉和生命,托付给律师。"

——亚当·斯密

私人律师丛书
Private Lawyer

编委会主任：岳　成
主　　　编：岳运生
丛 书 编 委：岳　成　　岳运生　　杨保全　　宋俊燕　　李　斌
　　　　　　陈丽杰　　杨冰清　　朱柏彦　　唐小燕　　朱守侠
　　　　　　任虎成　　王艳华　　邓　亮　　岳雪飞　　常艳敏
　　　　　　岳屾山　　郭　旭　　吴莹洁　　李保柱　　陈　静
　　　　　　张　彦　　张志雯　　朱　鹭　　张洪飞　　覃昊俊
　　　　　　杨增辉　　李一洁　　宋雪佼　　李　冉　　王　玲
丛 书 统 筹：肖　蕊

私人律师丛书
Private Lawyer

How to Start Your Own Company

Third Edition

如何开办公司

第三版

北京市岳成律师事务所 著

本册主要撰稿人 朱柏彦

本册参与撰稿人 张 彦　张志雯
　　　　　　　朱 鹭　张洪飞
　　　　　　　吴莹洁　李保柱
　　　　　　　陈 静　周海华

北京大学出版社
PEKING UNIVERSITY PRESS

图书在版编目（CIP）数据

如何开办公司/北京市岳成律师事务所著. —3 版. —北京：北京大学出版社，2018.12
私人律师丛书
ISBN 978-7-301-30060-2

Ⅰ.①如⋯ Ⅱ.①北⋯ Ⅲ.①公司法—基本知识—中国 Ⅳ.①D922.291.91

中国版本图书馆 CIP 数据核字（2018）第 260815 号

书　　名	如何开办公司（第三版） RUHE KAIBAN GONGSI（DI-SAN BAN）
著作责任者	北京市岳成律师事务所　著
责任编辑	陆建华　王丽环
标准书号	ISBN 978-7-301-30060-2
出版发行	北京大学出版社
地　　址	北京市海淀区成府路 205 号　100871
网　　址	http://www.pup.cn　http://www.yandayuanzhao.com
电子信箱	yandayuanzhao@163.com
新浪微博	@北京大学出版社　@北大出版社燕大元照法律图书
电　　话	邮购部 010-62752015　发行部 010-62750672 编辑部 010-62117788
印　刷　者	三河市北燕印装有限公司
经　销　者	新华书店
	965 毫米×1300 毫米　16 开本　17.25 印张　270 千字 2010 年 1 月第 1 版　2014 年 1 月第 2 版 2018 年 12 月第 3 版　2018 年 12 月第 1 次印刷
定　　价	49.00 元

未经许可，不得以任何方式复制或抄袭本书之部分或全部内容。
版权所有，侵权必究
举报电话：010-62752024　电子信箱：fd@pup.pku.edu.cn
图书如有印装质量问题，请与出版部联系，电话：010-62756370

私人律师丛书说明

● 这套丛书的主要目标是向普通读者提供一站式的解决法律问题的方案，帮助不了解法律知识的普通读者有效地解决日常法律问题，并在掌握一定法律知识的基础上自行处理或者配合律师共同处理遇到的法律问题。

● 当您选择本套丛书的时候，您获得的不仅仅是一本本图书，您还将获得一个律师团队为您提供的一整套立体式的法律服务。本套丛书由全国著名的北京市岳成律师事务所组织编写，各本书稿均由数十名律师花费两年左右的时间精心编写而成，并将由全所上百名律师共同提供后续法律服务。

● 在现代社会中，每个人的生活都越来越离不开法律，我们的住房、消费、交通、医疗、婚姻、社保、工作、创业等都无不涉及法律。社会越是进步，就越是讲求秩序，而我们生活的任何方面出现问题，都需要通过法律来加以解决，由此也引发了现代社会法律规定的日趋复杂。法律是专业知识，如同医学，我们需要法律来处理我们生活中的问题，就如同需要医生来处理我们身体上的问题，但大多数人并不了解法律，更不擅于运用法律。因此，我们编写了这套丛书，我们的目标是像一个家庭医生对待您的身体一样，作为您的私人律师来帮助您处理法律问题。

● 我们必须首先向您提示的是——在绝大多数情况下，一本书并不足以解决您的法律问题。一个法律问题的解决需要我们掌握正确的法律知识、恰当的解决方法以及怎么去做。掌握法律知识是最基本的，后两者则有赖于社会经验和法律实践经验的积累。一个独立执业的律师至少要经过4年的法学教育,并通过淘汰率达到80%的法律职业资格考试,还需至少1年以上的律师实习以积累经验,才具有帮助他人解决法律问题的基本资格和能力。作为一个并不了解法律的普通读者,如果仅凭一本书,是很难完全解决问题的。所以,我们这套丛书并不仅仅定位于为您提供一本书而已,我们提供的是以一本书作为起点的一整套法律咨询服务体系。

现在来看我们的法律服务方案——

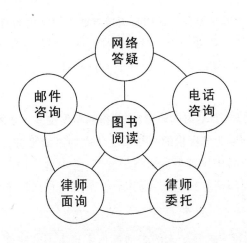

- **图书阅读** 图书的作用是帮助您掌握解决问题所需要的基本法律知识和基本解决思路。为此,我们力求用每个人都能看得懂的语言来讲解,按照解决问题的实际流程来讲述。同时,我们通过引入大量的实际案例,示范实践中需要的各种法律文书、表格,提供我们收集的大量有关的实用信息,来帮助您建立解决问题的基本思路与方案。

- **网络答疑** 图书必须要照顾所有遭遇同类问题的读者,不可能面面俱到,也许并不能使您直接获得对应您的具体情况的答案,您可以登陆北京市岳成律师事务所的网站,点击首页的"**在线咨询**",在对应您的问题的页面上留言,把您的问题的基本情况讲述给我们,我们将在**24小时**内在页面上给出有针对性的回答和解决思路。

我们的网址是：http://www.yuecheng.com

● **邮件咨询** 如果您不愿意您的案情在网页上公开，我们为您提供专门的邮件咨询，您可以将您的情况发送到我们"**私人律师专用咨询邮箱**"，我们的工作人员将每天把收到的邮件分发给对应的专业律师，专业律师将在 **48 小时**内对您的问题给出有针对性的回复。

我们的专用咨询邮箱是：sirenlvshi@yuecheng.com

● **电话咨询** 如果您不善于使用网络，或者您对网络咨询的结果仍然感到困惑，或者您需要了解更为具体的处理办法，您可以打电话给我们的"**私人律师咨询服务热线**"，我们将安排专业律师听取您的情况，并对您的问题作出更为细致的诊断。

我们的服务热线是：010-84417799

● **律师面询** 如果上述咨询仍然不能满足您的需要，您可以携带本书以及与您的问题有关的各项材料，前往北京市岳成律师事务所，我们将安排专业律师为您提供咨询。由于律师是以时间为主要投入的职业，所以我们的律师面询一直收取一定的费用(律师咨询在我们的网站上有公开的收费标准，您可以上网查询或电话咨询)，但对于本书读者，我们将在公开的收费标准上**减收 50%**。希望您能理解，并请您带好您的书。

我们的律师事务所地址是：
北京市朝阳区东三环北路丙 2 号天元港中心 A 座 7 层

● **律师委托** 经过上述咨询以后，如果您对我们的服务满意，同时您又认为有必要委托专业律师来帮助您处理遇到的法律问题，我们可以为您提供专业的律师委托服务。对于本书的读者，我们也将在公开的收费标准上**减收 50%**。当然，这完全取决于您的意愿和信任。

最后，祝愿所有的读者都能如愿解决所遇到的法律问题。这是我们这套丛书的理想，也是围绕这套丛书进行编写和提供后续法律服务的上百名律师的理想。

● 丛书使用的标识

为了使您更好地理解本套丛书的内容,全面掌握每个专题分册的法律知识和操作流程,我们设计了一些图标,帮助您阅读本书。

　　这个标识表示具有实践意义的案例与评析。

　　这个标识表示具有关键性影响的法律条文。

　　这个标识表示我们提供的重要图表和文件。

　　这个标识表示我们提醒您注意的问题。

　　这个标识表示我们认为您需要特别重视的问题。

● 丛书的人称称谓说明

在所有分册中,我们都将以第二人称"您"作为主线称谓。我们会把"您"当作一个朋友,我们将向您娓娓讲述与每个专题分册有关的知识,如同有私人律师陪伴在您身边,我们认为正面临着法律问题的"您"在阅读本书。总之,这套丛书是"以您为本"的。

但是,如果您在现实情况中需要填写各种法律文件时,请不要随意使用"我""你""他"这样的称谓,而要根据法律文书的要求使用原告、被告、申请人、被申请人、申请执行人、被申请执行人等专业术语。

● 如何使用本书

丛书每一分册都基本按照每个专题的处理流程一一写来。目录中有详细的小标题,一个小标题基本可以覆盖一类问题。您在使用本书时,可以首先翻阅目录,对照您所处的阶段和需要解决的问题直接翻阅至需要的章节。在需要参照其他章节的内容来处理的地方,我们均作出了相关的提示,以便您迅速地找到需要的内容。

● 作者的话

希望本书的内容能对您有所帮助!

但由于每个个案的情况都有所不同,本书不可能涵盖所有的案件情形。如您在实际问题的处理中遇到本书不能解决的问题或心中尚有疑问时,请您马上使用我们"私人律师丛书"提供的各种咨询服务方式,我们的专业律师将会尽快给您详尽的答复。

私人律师丛书总序
律师兴　国家兴

　　2008年春,北京大学出版社邀请我们合作出版"私人律师丛书"系列图书,定位是为普通读者提供一站式的法律帮助。为此,我们组织全所数十名专业律师组成写作团队精心编写,在两年的写作过程中数易其稿,力求在每个读者都能看懂的基础上,提供准确的法律知识和解决法律问题的方案与思路。但我们从事了这么多年的律师工作,深知每个法律问题的解决都不是那么简单。所以我们在向读者提供本书之外,还设计了一整套的后续咨询服务,希望这样能够更好地帮助读者朋友们。在这里,我首先要感谢北京大学出版社的编辑们,在他们的帮助和坚持下,我们才得以完成这套丛书的编写。

　　随着社会的进步,民主法治建设的完善,人们的法律意识得到了极大的提高。为了维护自己的合法权益,须臾离不开法律。正如亚当·斯密说的那样:"我们把健康托付给了医生,把自己的财富、把自己的名誉甚至生命托付给了律师。这两类人应该特别受到尊重。"

　　1993年,我创立了北京市岳成律师事务所。在这十六年间,我们从黑龙江走入北京,从北京又开办分所到上海、广州、哈尔滨、大庆、三亚,还在纽约设立了代表处,我们的律所规模和律师规模也扩大了数十倍不止。我们所的法律服务有三大特点:专业化分工、团队服务、收费标准公开。同时在法律服务过程中,还坚持着我们的"三不原则":不给回扣、不给介绍费、不给找关系走后门。我始终坚信:打官司就是打事实、打证据、打法律规定,而不是打关系。如果打官司就是打关系的话,律师就没有存在的价值。律师应该用他的专业知识为委托人赢得利益,而不是成为法治社会的破坏者。

我虽然是律师,但我并不主张每个人都通过打官司来解决问题,打官司是迫不得已的事情。当然,用打官司解决纠纷,这是最文明的表现。为了不打官司或者少打官司,我劝您有事情多向律师咨询,如果是单位,请一个律师事务所担任常年法律顾问,这是法治社会人们用法律对自己的最大保护。我们所为300余家单位担任常年法律顾问,而且在逐年增多,充分体现了社会的进步。法律是我们最大的"保护神"。

哪里有最挑剔的消费者,哪里就有最好的商品和服务。这是真理,不妨试试。我们的图书和我们提供的法律服务,可能会存在这样、那样的问题,欢迎大家的挑剔和批评,这将帮助我们真正成为名副其实的品牌大所,也将帮助我们提供更好的法律服务。

律师兴,国家兴。正如我为我所第一会议室撰写的对联那样,上联:律师是民主的产物,律师是法治的产物,没有民主与法治,哪来律师;下联:律师是民主的象征,律师是法治的象征,没有律师,哪有民主与法治。横批:律师兴,国家兴。当然,我们更应该知道——国家兴,律师才能兴,这是毋庸置疑的。

基于我三十余年的律师职业生涯和我对人生的感悟,用我常说的这段话来作这个序的收尾吧:"我来到北京,如履薄冰,战战兢兢,生怕出现一点问题。我时刻提醒自己,人的一生一定要记住两点:一是感恩,感恩之心常存,用感激的眼光看待一切,世界都是美好的;二是敬畏,要心存敬畏,一个人一辈子一定要有点怕头。当一个人什么都不怕的时候,用我的家乡话来说,那就离粘包不远了。我们一定要记住那句警世名言:'上帝想让谁灭亡,首先让他疯狂。'我怕自己也疯狂,求人写了一张条幅——'心存敬畏,严格自律',挂在办公室,以自省。真的,平安是福。"

祝大家平安幸福!

岳　成

2009年12月18日

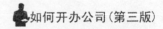

了解我们

北京市岳成律师事务所于1993年创立,一直致力于为普通百姓和企业提供法律服务,目前总部设于北京,在上海、广州、哈尔滨、大庆、三亚、深圳、杭州、成都、南京、重庆、西安设有分所,在美国纽约设有代表处。现有执业律师100余名,设有刑事、民事、行政、新闻传媒、房地产、建设工程、公司事务、金融证券、知识产权、劳动人事、医疗事务、涉外12个业务部门,面向各个领域提供法律服务。

北京市岳成律师事务所所训:

我们的座右铭:
诚实、正直、富有同情心是成功之本。

我们的职业道德:
律师挣人家钱是"乘人之危",人家摊上事才找你,我们要拍良心服好务。

我们的竞争原则:
不说其他律师的坏话,不说其他律师事务所的坏话。

我们的信念:
胸怀感激,心存敬畏,竭诚服务,伸张正义。

第三版修订说明

　　作为企业法人,公司在当今社会经济发展中扮演着重要角色,而《公司法》作为规范公司组织和行为的法律,亦是社会主义法律体系的重要组成部分。北京市岳成律师事务所于2010年出版了"私人律师丛书",《如何开办公司》(第一版)是该套丛书中的一本。该书发行后,获得了读者的积极肯定,很多读者向我们反映,通过阅读该书他们受益良多。

　　为满足读者的要求,2014年,北京市岳成律师事务所又推出了《如何开办公司》(第二版)。四年来,不少读者向我们反映,通过阅读该书,切实学习到了有关公司的法律知识。一些读者还按照书中提供的联系方式,通过网络、邮件或上门等形式向我们咨询他们所遇到的法律问题,委托我们为他们处理具体案件。很多读者反映,我们所提供的后续法律服务很好地解决了他们的法律问题;也有不少热心的读者,通过各种形式就本书存在的问题向我们提出了一些很好的建议。

　　读者的热情支持让我们获得了信心和勇气。此外,四年来,《公司法》及其配套司法解释、行政法规等均有重大调整。首先,党和国家从各个层面优化了开办公司及运营公司的市场环境。为保障创业创新,着重修改了公司注册资本的相关规定。例如:将公司注册资本实缴制改为认缴制;取消公司法定注册资本最低限额;取消股东首次出资比例限制、取消股东缴足出资期限和货币出资与非货币出资的比例限制;等等。其次,2017年8月25日,最高人民法院发布了《关于适用〈中华人民共和国公司法〉若干问题的规定(四)》,对公司决议效力、股东知情权、利益分配权、优先购买权和股东代表诉讼等问题又作了细化规定。

为此，我们对《如何开办公司》(第二版)中所有相关内容都作了修改、补充或更新，对一些已经不再适用的内容予以删除。同时，我们发挥法律顾问主营业务的优势，立足于多年来为520多家企业提供常年法律服务的经验，在书中增加了"企业用工的法律风险防范"(第十三章)、"公司签章管理的法律风险防范"(第十四章)、"公司对外担保的法律风险防范"(第十五章)、"企业合同的法律风险防范"(第十六章)等内容，为读者列举了常见的企业法律风险类型，并从企业角度就如何防范这些法律风险提出了诸多法律意见和建议。

在这里，请允许我们向北京大学出版社以及本套丛书的策划编辑、各位责任编辑表示感谢，同时也向针对本书的改进提出宝贵建议的各界人士深表谢意，诚挚欢迎大家继续提出宝贵意见。正是在大家的共同努力下，本书才能不断予以完善并迈向新的高度。

由于时间仓促及水平所限，本书难免会有缺陷与不足，恳切希望各位专家、律师同仁及各位读者提出宝贵的意见和建议。

北京市岳成律师事务所
2018年11月16日

前言:创富的起点

经济学家们说,经济的发展会给社会带来更多的财富,人们占有社会财富的机会也会越来越多。

哲学家们说,世界是多样的、精彩的,又是多变的,变化是哲学的主题,可以使人摆脱命运,从而走上拥有财富的幸福之路。

法学家们说,丰富的社会生活,法律是基础,道德是底线,人们的全部活动都应在这两条线以上运行。

……………

生活如此,创业也是如此。经济学家的提醒、哲学家的劝告、法学家的警示等,都为我们的生活和创业提供了座右铭。

中国是世界上人口最多的国家,在过去,这是一个巨大的包袱;而如今,却成了巨大的消费市场,为经济的发展提供了广阔的空间。

2008年,中国国民经济收入已达到28万亿元,超过了德国和法国,外汇储备世界第一,进出口贸易额世界第二,成为世界第三经济大国。

中国为什么发展得如此之快?除了制度的原因,还因为中国实行了社会主义市场经济。在市场经济的风浪里,中国有六百多万家公司在扬帆远航,为国家经济的发展注入新的动力。六百多万家公司,对于中国来说并不多。如今的中国,需要更多的公司,这为创业致富的人提供了极为广阔的舞台。

公司是致富的载体,是创业的航船。公司的感召力,让更多的创业人才集中到一起,共同发挥聪明才智,铸就一番事业。公司的凝聚力,让更多的资本融合起来,资本的融合会产生裂变效应,从而使财富急剧增加。

如何成功创富?一位著名的商界成功人士告诉我们三条秘籍:一是树立人才理念。只要有一技之长的人都是人才,视人才为宝,为人才创造合适的环境,让人才去发挥、去创造。二是确立概念思维。概念思维就是对事业的发展有框架式的思考和判断,从而规划出远期蓝图。三是脚踏实地地去干。不怕辛苦,不怕失败。成功创富,就要敢于创新,探索新路,发现新模式。

公司是创富的起点,有了公司仅仅是创富的开始。创富必须科学地进入市场,谨慎地选择好项目,否则就可能会陷入市场的泥潭;创富更要善于经营和管理公司,创办公司容易,经营公司才难。

创富是一个艰难的旅程,每个创富人都要在市场里拼搏。面对市场的风风雨雨,不但要有始终如一的创业激情,还要有适应市场变化的智慧。但凡创业成功者,都是看准了市场的一个商机,然后不遗余力地去追求,去奋斗。每位创业者,都应极尽努力,让智慧在市场里闪光,让智慧在规则里运筹,让智慧带您走向成功。

但愿无数的创富人,能圆自己的创富梦,用最新的创业时尚,引领中国的未来。

北京市岳成律师事务所
朱柏彦律师
2009 年 12 月 15 日

目 录

第一章 您了解公司吗   1
- 第一节 公司是什么   3
- 第二节 公司有哪几种   6
- 第三节 什么是有限责任公司   9
- 第四节 什么是一人有限责任公司   11
- 第五节 什么是股份有限公司   13
- 第六节 什么是国有独资公司   17
- 第七节 选择哪种公司模式适合您   18
- 第八节 公司以外还有哪些创业模式可供选择   22

第二章 开办公司需要多少钱和需要哪些文件   31
- 第一节 注册资本   33
- 第二节 可以用实物作为出资吗   35

第三章 制定公司章程   41
- 第一节 公司章程是什么   43
- 第二节 公司章程的重大意义   45
- 第三节 公司章程的法定要求   46
- 第四节 公司章程的自由约定   47
- 第五节 如何制定公司章程   49

第四章 如何申办公司——以有限责任公司为例　53
第一节 登记前的准备　55
第二节 办理公司注册登记　68
第三节 公司登记的后续事项　72

第五章 怎样做公司股东　75
第一节 股东的资格与条件　77
第二节 股东的权利　79
第三节 股东的义务与风险　84

第六章 代表您公司的人——法定代表人　87
第一节 法定代表人的资格和职权　89
第二节 法定代表人与董事长、执行董事、总经理的关系　92
第三节 法定代表人的任职风险　93

第七章 公司如何良好运营——决策和分工　95
第一节 股东（大）会——公司的权力和决策机构　97
第二节 董事会——公司的业务执行机构　101
第三节 监事会——公司的监督机构　103
第四节 总经理与总经理办公会的职权　106
第五节 董事、监事和高级管理人员的任职限制　108
第六节 公司的治理结构　108

第八章 怎样进行公司股权转让　113
第一节 股权转让的条件和限制　115
第二节 股权转让的价格和效力　119
第三节 股权转让中的优先购买权　121
第四节 签订股权转让合同应注意的问题　125

第九章 公司如何上市　135
第一节 公司上市的条件　137

第二节 公司上市的程序 139
第三节 公司上市获准后的股票发行与上市 143

第十章 公司变更登记及备案 147
第一节 有限责任公司变更登记事项及应提交的文件 149
第二节 有限责任公司申请备案应提交的文件、证件 152

第十一章 公司如何终止 155
第一节 公司终止的条件 157
第二节 公司终止的程序 161
第三节 注销登记 169
第四节 公司破产 173

第十二章 开办公司的法律责任 179

第十三章 企业用工的法律风险防范 185
第一节 企业用工的概念 187
第二节 企业用工的法律形式 187
第三节 企业用工的法律风险 191

第十四章 公司签章管理的法律风险防范 197
第一节 公司签章概述 199
第二节 公司签章的刻制 201
第三节 公司签章的管理 202

第十五章 公司对外担保的法律风险防范 207
第一节 公司对外担保需按内部程序作出决议 210
第二节 上市公司对外担保的法律风险 213

第十六章 企业合同的法律风险防范 215
第一节 企业合同的法律风险 217
第二节 企业合同法律风险的防范 220

附录 223
　　文书样式1:有限责任公司章程参考范本 223
　　文书样式2:股份有限公司章程参考范本 229
　　文书样式3:有限责任公司股东会会议议事规则参考范本 237
　　文书样式4:有限责任公司董事会会议议事规则参考范本 241
　　文书样式5:有限责任公司监事会会议议事规则参考范本 247
　　文书样式6:有限责任公司总经理工作细则参考范本 250

# 第一章

您了解公司吗

引言：公司的存在和发展，为人们的生活增添了无穷的色彩，也为社会的发展提供了强劲的动力。"时势造英雄，市场孕富翁"，建立和发展公司，成为人们创业致富的大舞台。

本章将先带您一览我国《公司法》认可的众公司类型，以及其他可以供您选择的模式，例如开办合伙企业，创办个人独资企业，做个体工商户等。

俗话说，"男怕入错行，女怕嫁错郎"，先"干对行，嫁对郎"，事业方能蒸蒸日上！

第一章
您了解公司吗
* * * * *

在人们的生活中,公司几乎是无处不在,无时不有。公司的存在和发展,为人们的生活增添了无穷的色彩,也为社会的发展提供了强劲的动力。人们生活的方方面面,几乎都离不开公司提供的产品和服务。各种各样的汽车、电视机、洗衣机、电脑、手机和网络广播电视,都是不同的公司生产和提供的,如果这些产品的使用出现了问题,公司还会派人上门服务。公司产品的多样化和服务的社会化,已经深入到社会生活的各个领域,使公司与人们的生活息息相关。毫无疑问,建立和发展公司,为现代生活和市场经济所必需。同时,建立和发展公司,也是人们创业致富的大舞台,并使千千万万的人在公司的旗帜下,获得发展的机会,实现人生的价值。

第一节
公司是什么

公司在市场经济里和人们的生活中是如此的重要。公司是什么,它有哪些特征呢?

一、公司的定义及特征

如果我们对公司认真加以分析的话,可以从不同的角度发现公司的本质:

1. 公司是一种市场主体

在市场经济条件下,公司从事着生产、经营和服务,是市场的主要参与者和表现者,市场经济越发展,公司展示自己的机会就越多。市场离不开公司,公司也离不开市场,公司与市场紧密相互依存。

2. 公司是一种经济组织

公司具有完整的经济属性,任何一家公司都以追求经济利益为最大目标。追求经济利益的主要目的是实现公司扩张,生产更多更好的产品,占领更多更大的市场,实现更多更大的利润。公司要生存和发展,就必须不断追求经济利益。否则,就无法生存和发展。

3. 公司是一种法人组织

所谓法人,是法律上对公司和企业人格化的拟称,也就是将一种组织从法律上赋予人格化,按人来看待。法人本身并不同于我们日常生活中的自然人,但它在法律上与自然人有许多相似之处。法学界将法人看作是相对的"人",公司就被看作是一种法人组织,它在法律上与自然人一样,受法律的保护,享有许多权利,同时也承担许多义务。例如,我们自然人都有自己的姓名,公司作为一种法人,也有自己的名称;我们自然人私人财产不受侵犯,公司作为法人,它的财产也不受侵犯;自然人的人格不受侮辱,法人的名誉也同样不可侵害。

4. 公司是一种经济实体

公司作为市场经济的主体,有自己独立的财产,对自己的财产拥有所有权、使用权和支配权。公司通过经营不断扩大自己的财产积累,壮大自己的经济实力。

| 律师提示

从上述内容可以看出,公司是以追求经济利益为目标的企业法人组织。公司既是市场经济的主体,同时也是法律上的民事主体;既是创造经济利益的平台,又是我们生活的依托和朋友。

纵观公司的本质和表现方式,公司有以下一些特征:

1. 公司具有资本联合的属性

众多的投资者把资金投入一起,建立一个经济组织,这是资本的联合,以期取得更大的经济利益。

2. 公司具有法人属性

公司属于法人的一种,在法律上拥有法人地位,其经营权、财产权、人格权均受法律的保护。

3. 公司具有融资的属性

公司除了自身资本联合外,还可以对外进行融资,经过批准在证券交易市场公开发行股票或者发行债券,使公司融得更多资金用于企业发展。

4. 公司的根本目的是追求利益最大化

这是公司的基本属性,也是公司与其他经济组织和社会组织的区别所在。

二、公司与企业的区别

公司与企业有何区别?企业泛指一切从事生产、流通或者服务活动,以谋取经济利益的经济组织。按照企业财产组织方式的不同,企业在法律上又可以分为三种类型:一是独资企业,即由单个主体出资兴办、经营、管理、收益和承担风险的企业;二是合伙企业,即由两个或者两个以上的出资人共同出资兴办、经营、管理、收益和承担风险的企业;三是公司企业,即依照《中华人民共和国公司法》(以下简称《公司法》)设立的企业。因此,公司是企业的一种形式,它也属于企业的范畴,但与其他企业又有许多不同之处。

1. 组织形式不同

公司有较为严密的组织结构,而其他企业的组织结构则不一定如此。例如,有限责任公司和股份有限公司的设立、组成,法律规定的条件都比较严格,而许多企业在设立和管理上,法律则没有更多的严格要求。

2. 竞争领域不同

公司和其他企业都是市场经济的主体,都参与市场竞争,但许多企业仅以生产为主,并不提供社会服务;而许多公司既提供生产,又提供服务,特别是公司的社会化服务,几乎深入到社会生活的各个领域。当然,也有许多公司仅以服务为主,并不提供生产产品。例如,家政服务公司、翻译公司、资产评估公司、劳务输出公司、运输公司等。

3. 筹集资金方式不同

公司经批准可以公开发行股票,而其他企业不转换成公司则只能发行债券,不能发行股票。

三、公司的优势

公司是创业的一种模式,与其他创业模式相比,公司具有许多优势。

1. 有限责任公司股东承担的是有限责任

所谓有限责任,是指股东仅以出资额为限对公司承担责任。例如,有四五个人,各有一笔资金,他们愿意结合在一起,开办一个有限责任公司,各人的出资加在一起为50万元,每一个人都成了公司的股东。公司经过两年的运营,出现了较大的亏损,并且对外负债20万元。此时,公司仅以自己的财产承担偿还责任。但如果这四五个人成立的不是有限责任公司,而是个人合伙企业,在合伙企业负债的情况下,每个合伙人都要承担连带的清偿责任,直至还清为止。由此可见,公司承担的往往是有限责任,而合伙企业则没有这个优势。相较而言,公司更适合初入市场的创业者,因为有限责任帮创业者回避了许多市场风险。

2. 有限责任公司可以对外筹资

有限责任公司的优势还在于它可以筹措到更多的资金用于公司的发展,而一般企业则不可以去对外筹措资金。当然,公司筹措资金也不是随意的,只有股份公司才可以通过股票上市募集资金。公司还可以发行债券筹措资金,但发行债券要经过较为严格的审批程序。相对而言,公司具有募集和筹措资金的法定资格,而一般企业则要受到较为严格的限制。

四、公司的法律地位

从法律地位上说,公司是一种企业法人组织,是民事法律关系的主体,享有法律上的权利,承担法律上的义务。当它的权利受到侵害时,法律加以干涉和保护;当它怠于履行义务时,法律加以督促和制止。公司的法律地位,决定了公司必须依照法律的规定进行经营,一切经营活动都应当合法有序,只有合法经营,公司才能健康成长和稳步发展。

第二节
公司有哪几种

从理论上来说,公司是多样的。可分为人合公司和资合公司,还有封闭公司和开放公司以及本国公司和外国公司等。按照我国《公司法》

来说，法律认可的公司形式主要是有限责任公司和股份有限公司，还有子公司和分公司。有限责任公司又包括国有独资公司和一人有限责任公司。

一、有限责任公司和股份有限公司

有限责任公司，就是投资入股的股东以其出资额为限承担责任，公司以其全部资产对公司的债务承担责任的公司。

股份有限公司，就是将全部资本分为等额股份，股东以其所持股份为限对公司债务承担责任，公司以其全部资产对公司债务承担责任的公司。在我国《公司法》中，对这两种公司形式作了规定，因为这两种公司在现实的经济生活中已经被广泛运用，是公司中最基本的存在形式，有广泛的适应性。

> **律师提示**
>
> 有限责任公司和股份有限公司具有许多共同之处，它们都以营利为目的，都是企业法人组织，都有严格的组织形式。例如，对于重大事项，有限责任公司由股东会决定，股份有限公司由股东大会决定。

二、分公司和子公司

分公司是总公司的下属公司，也是公司存在的一种形式。分公司是与总公司相对应的一个概念。许多大型公司的业务分布于全国各地甚至许多国家，直接从事这些业务的是公司所设置的分支机构或附属机构，这些分支机构或附属机构就是所谓的分公司。分公司从法律上说，它不是独立企业法人，也不具有法人资格，不能独立享有民事权利和承担民事义务。分公司没有自己的公司名称和独立财产，它的名称和财产依附于总公司。分公司从业务上说，是总公司的派出机构，代表总公司在分公司所在地开展业务，分公司的一切法律责任由总公司承担。尽管分公司不具有法律地位，我国《公司法》仍然承认它为公司的存在形式之一，这主要是方便大公司向外扩张业务，鼓励公司跨行业、跨地区发展。

子公司是指一定比例以上的股份被另一公司所拥有或通过协议方式受到另一公司实际控制的公司。子公司是与母公司相对应的法律概念。母公司是指拥有另一公司一定比例以上的股份或通过协议方式能够对另一公司实行实际控制的公司。子公司也是公司存在的一种形式,它虽然受母公司的控制,但子公司属于独立的企业法人,它有自己的名称和财产,独立享有民事权利和承担民事义务。一般来说,有限责任公司和股份有限公司都可以设立自己的子公司。

> **律师提示**

子公司和分公司都是总公司的下属公司,但二者实质上有较大的差别。

(1) 最大的差别是,子公司是独立的企业法人,拥有自己的名称和独立的财产,而分公司则不是独立的企业法人,名称和财产都依附于总公司。

(2) 如果子公司是某大集团公司控股的股份有限公司,子公司可以公开上市发行股票,而分公司则不可以。

(3) 子公司从法律地位上说,它与有限责任公司和股份公司相同,而分公司则并不相同。

三、一人有限责任公司

一人有限责任公司,简称一人公司,又称独资公司,指仅由一个投资者出资设立的有限责任公司。一人有限责任公司虽然人数很少,但它也是公司法定形式之一。(参见本章第四节)

四、国有独资公司

国有独资公司是国家投资设立的公司,是有限责任公司的一种。对这类公司的监督和管理,由国家授权各地国有资产监督管理委员会行使权力。(参见本章第六节)

第三节
什么是有限责任公司

一、有限责任公司的定义和特点

有限责任公司是我国《公司法》所确定的公司基本形式之一。根据我国《公司法》的相关规定，有限责任公司是股东以其认缴的出资额为限对公司承担责任，公司以其全部资产对公司的债务承担责任的企业法人。在此，可以进一步理解为，有限责任公司是一种企业法人，它享有法律上的人格地位，可以作为民事主体享有民事权利和承担民事义务。

那么，有限责任公司最大的特点是什么呢？

1. 有限责任公司的最大特点是股东以出资额为限对公司承担责任

如果股东当初在公司注册成立时，已经缴纳了出资额，他就无须再对公司债务承担偿还责任了。即使将来公司解散了，他也不必再承担什么债务责任。现实生活中，有许多有限责任公司终止后，债权人到法院起诉开办公司的股东，要求股东承担偿还债务的责任。根据有限责任的原理，这种起诉是不应该获得法律支持的。然而，有的时候，在个别的地方，法院受理后，仍然判决股东再继续还债，这就与有限责任公司的原理相冲突了。有限责任，顾名思义，股东只承担有限责任，但股东负有对公司清算的义务。因此，股东在开办公司时，只要开办的是有限责任公司，并且已经缴纳了出资额，只应在出资范围内承担责任，而不应在出资范围以外还承担债务责任。

2. 有限责任公司的另一个特点是公司以其全部财产承担债务责任

当公司对外负债时，公司应当用全部财产去偿还。全部财产包括公司的全部资金和以物的形式存在的全部资产和对外拥有的债权等。当公司用全部财产偿还债务后，剩余债务仍没有偿还完毕，公司可以进入清算程序。由公司组织清算。清算结束后，到工商登记机关办理注销登记。如果公司仍愿意负债经营，也可以不进入清算程序。

3. 有限责任公司最后一个突出特点是灵活性较高

（1）在公司注册时，对有限责任公司的要求比较简单。在注册资本认缴登记制之下，注册时已经无需提供验资报告，这给创办公司的人带来了很大的方便。

（2）有限责任公司在管理上也比较方便，许多程序没有股份有限公司那么复杂。

（3）它可以根据股东的愿望，把公司办得大一些，也可以办得小一些，船小好转舵，遇有市场风险时，小一点的有限责任公司转向也快。因此，在以公司创业时，有限责任公司是最佳的选择方式之一。

二、成立有限责任公司应具备的条件

在我国，成立有限责任公司应具备一些实质性条件，具体包括：

1. 股东人数合法

有限责任公司股东人数为1人（含1人）以上50人（含50人）以下。一般情况下，有的有限责任公司股东为2—3人，也有的为5—8人，还有的十几人或者更多一些，只要不超过50人，就符合法律规定。我国《公司法》将有限责任公司最高人数限制在50人，主要考虑这种公司形式人数不宜过大，应当与股份有限公司保持必要的距离。因此，成立有限责任公司时，在股东数量上应该以50人为限。

2. 股东出资合法

《公司法》修订后，有限责任公司注册资本实行认缴登记制，不再有最低限额，也不再对出资时间有要求，公司可以根据实际情况的需要分期出资，也可以在公司营业期限届满前缴足。有限责任公司股东的出资虽然不再有以上最低限额和出资时间的限制，但出资形式仍应符合法律规定。（参见第二章第二节）

> **律师提示**
>
> 还需说明的是，股东可以用货币出资，也可以用实物、知识产权、土地使用权等可以用货币估价并可以依法转让的非货币财产作价出资。对作为出资的非货币财产应当评估作价，核实财产，不得高估或者低估作价。

3. 股东共同制定公司章程

章程在公司设立中具有非常重要的地位，它是公司的自治行动准则，公司成立后的经营和管理都应按章程的规定运作。因此,章程应是全体股东共同意志的体现,而不应该将少数股东的意志强加给其他股东。公司设立制定章程时,应由全体股东共同制定。

4. 有公司名称,建立符合有限责任公司要求的组织机构

凡设立一个新公司,公司都应有自己独立的名称,不能与其他公司名称相同或者相混。有限责任公司必须在名称中标明有限责任公司或者有限公司的字样,这是有限责任公司与其他公司的显著区别。

5. 有公司住所

公司住所是公司的法定地址。公司作为一个法人组织,应有自己的办公地址。这除了是办公通信联系的需要外,更重要的是公司法定地址在诉讼中涉及司法管辖权,特别是在涉外诉讼中,涉及适用哪国法律的问题。

如果您正在筹备开办公司,具备上述五项条件时,就符合法律的规定了。

第四节
什么是一人有限责任公司

一人有限责任公司是指只有一个股东的有限责任公司。一个股东,可以是自然人,也可以是法人。自然人就是我们平时所说的普通人,法人可以简单地理解为依法组成的有关单位或组织。一人有限责任公司是我国《公司法》修订后,法律允许存在的新型公司,是有限责任公司的一种。

由于一人有限责任公司特别是一个自然人开办的公司,具有较弱的偿还债务能力,且管理上也较为宽松,因此,《公司法》对创办一人有限责任公司,作了较为严格的限制。

一、股东限制

不论是一名自然人或法人发起设立的一人有限责任公司,还是有限责公司的股权全部转归一人持有而形成的一人有限责任公司,在其成立或存续期间,公司股东仅为一人。同时,《公司法》规定,一个自然人只能投资设立一个一人有限责任公司,不能设立两个或者两个以上一人有限责任公司。如果允许一个自然人设立若干家一人有限责任公司,不仅容易导致公司资产不足,清偿债务的能力减弱,而且也容易产生资产转移等弊端,从而损害债权人的利益,所以,《公司法》对创办一人有限责任公司作了严格的限制。

二、公示制度

一人有限责任公司应当在公司登记中注明自然人独资或者法人独资,同时应在公司营业执照中载明。法律要求一人有限责任公司在公司登记中注明"自然人独资"或"法人独资"的字样,其目的是使与之交易的第三人能够非常清楚地知道,该公司的唯一股东是自然人或是法人。根据通常的理解,自然人和法人在经济实力上还是有较大差别的。那么,在一人有限责任公司与第三人进行交易的过程中,第三人对该公司的信用进行判断的一个基本依据,就是了解股东本身为自然人还是法人,从而决定是否与其进行交易。

三、章程制定

《公司法》规定,一人有限责任公司的章程由股东制定。一人有限责任公司并不因为人数少而没有章程。

四、财务会计制度

对一人有限责任公司实行强制审计制度。《公司法》规定,一人有限责任公司应当在每一会计年度终了时编制财务会计报告,并经会计师事务所审计。

五、组织机构

一人有限责任公司不设股东会。一人有限责任公司的股东在作出决定时,应当以书面形式作出,并由股东签字后置备于公司。一人有限责任公司必须以书面形式记载其运营状况,单一股东的决议应以书面形式记录入档。

六、责任承担

一人有限责任公司的股东不能证明公司财产独立于股东自己的财产

的,应当对公司债务承担连带责任。也就是说,一人有限责任公司虽然具备有限责任公司的要素,以公司财产对外承担责任即可,但前提是股东须证明一人有限责任公司的财产与股东自身的财产相独立,否则需承担连带责任。

一人有限责任公司因投资主体的不同,可以分为三类:一是国有独资的一人有限责任公司,以国家授予其经营管理的财产独立承担民事责任;二是法人独资的一人有限责任公司,即由一家公司或者集团投资公司设立的一人有限责任公司;三是一个自然人独资的一人有限责任公司。

> **律师提示**
>
> 上述三种一人有限责任公司,虽然称谓上都是一人有限责任公司,但在经营中,其实力相差巨大。一个自然人的一人有限责任公司可能注册资本仅为10万元,而一个国有独资的一人有限责任公司,可能注册资本上亿元。因此,它们在市场上的运作能力和影响力显然是不同的。国有独资的一人有限责任公司,由于资金雄厚或者居于较强的市场地位,其市场信誉可能更好些,而个人的一人有限责任公司,由于资金比较薄弱,市场信誉可能相对薄弱一些。

第五节
什么是股份有限公司

一、股份有限公司的定义和特点

股份有限公司,是指公司全部资本分为等额股份,股东以其所认购的股份对公司承担责任,公司以其全部资产对其债务承担责任的企业法人。股份有限公司也是我国公司的主要形式之一,它同有限责任公司一样,享有法律上的人格地位,可以成为民事主体,享有民事权利和承担民事义务。在我国公司类型中,股份有限公司占有很大的比例,一般而言,股份有限公司的组织结构更完善,比有限责任公司的实力更大些。那么,股份有限公司有什么特点呢?

1. 把公司的资本划分为均等的股份

在股份有限公司中,资本是指全体股东出资的总和。股份有限公司将资本总额划分为若干等额的股份,每股金额与股份数的乘积即是资本总额。

2. 股份有限公司通过发行股票筹集资本

设立公司必须筹集资本,股份有限公司可以采用定向募集和公开募集的方式来筹集资本。

3. 股东人数无最高限制

股份有限公司为开放式公司,股东人数没有最高限制。《公司法》规定的2人以上200人以下,针对的是股份有限公司的发起人。

4. 股票可以自由转让

股票的自由转让是为了投资者的随意更换,股票转让的价格可高可低,这对投资者来说有很大的吸引力。

5. 经营信息公开

股份有限公司应当将公司章程、股东名册、公司债券存根、股东大会会议记录、董事会会议记录、监事会会议记录、财务会计报告置备于本公司。公司应当定期向股东披露董事、监事、高级管理人员从公司获得报酬的情况。

二、股份有限公司的设立

1. 股份有限公司的设立方式

股份有限公司的设立方式分为发起设立和募集设立两种。发起设立,是指由发起人认购公司应发行的全部股份而设立的公司。募集设立可以分为公开募集和定向募集两种方式。公开募集设立,是指由发起人认购公司应发行股份的一部分,其余股份向社会公开募集而设立的公司。定向募集设立,是指由发起人认购公司应发行股份的一部分,其余股份向特定对象募集而设立的公司。

2. 设立股份有限公司应具备的条件

(1) 发起人符合法定人数。发起人,就是依照法律规定发起设立股份有限公司并认购股份的自然人或者法人。发起人无论是自然人还是法人,不得少于2人,最多不得超过200人。其中必须有半数以上发起人在中国境内有住所。股份有限公司的发起人与股东有所不同,股东是持有公司股份的人,并不一定是发起人,而发起人则自然取得股东资格。发起人对公司设立承担义务,而股东则没有此项义务。因此,不要把股东和发起人完全等同起来。另外,还有一点值得注意,有限责任公司设立时,发起设立的人叫股东,而股份有限公司设立时,发起设立的人叫发起人。两种公司在设立时,对发起设立的人的称谓有所不同。因此,不要把有限责任公司的股东和股份有限公司的发起人等同起来,他们之间是有区别的。

(2)有发起人认缴的股本总额和社会公开募集的实收股本总额。《公司法》修订后,与有限责任公司一样,股份有限公司的注册资本已无最低限额的要求。股份有限公司采取发起方式设立的,注册资本为全体发起人认购的股本总额。发起人缴纳股款可以采取一次性缴纳方式,也可以采取分期缴纳方式,对具体缴纳时间也无硬性要求。

股份有限公司采取募集方式设立的,注册资本为在公司登记机关登记的实收股本总额。需要提示的是,募集设立的股份有限公司设立时还需提交验资报告,涉及发起人首次出资是非货币财产的,还应提交已办理财产权转移手续的证明文件。

(3)股份的发行、筹办事项符合法律规定。募集设立的股份有限公司还需提交国务院证券管理部门的批准文件。

(4)发起人制定公司章程。采用募集方式设立的,公司章程要经创立大会通过。

(5)有公司名称,建立符合股份有限公司要求的组织机构。依法设立的股份有限公司,必须在公司名称中标明股份有限公司或者股份公司字样。

(6)有公司住所。从一般意义来说,股份有限公司属于中型或大型公司,股份有限公司往往还有子公司。因此,公司住所就更有特别的意义。

三、有限责任公司与股份有限公司的区别

有限责任公司和股份有限公司都是我国公司的主要形式,但二者无论在组织形式上,还是在公司功能上,都是有很大区别的,这些区别主要表现为:

(1)规模不同。有限责任公司规模较小,而股份有限公司规模较大。

有限责任公司的股东最多不得超过50人,而股份有限公司的发起人最多不得超过200人,股东人数不受限制。上市公司的股票每天都有买进和卖出,股东随时都在发生变化,股东的数量也很难统计。从这个意义上说,股份有限公司不知要比有限责任公司大多少倍。

(2) 公司运营灵活性不同。小型的有限责任公司可以不设董事会和监事会,由执行董事担任法定代表人或者经理;而股份有限公司则必须设董事会、监事会。多数有限责任公司由于规模较小,公司运营起来比较方便,不设董事会的有限责任公司,许多问题执行董事可以自己拍板定案,无需再和其他人商量;而股份有限公司则不可以,许多重大问题,公司必须按章程规定来运作,公司的董事长、总经理只能在职权范围内工作,任何人不可擅自越权。

(3) 组成要素有差别。有限责任公司注重的是人的联合与资本的联合,即所谓的人合,股东们设立公司时相互比较熟悉和了解。而股份有限公司注重的是资本的联合,即所谓的资合,股东彼此之间并不了解,甚至从未谋面。

(4) 有限责任公司注重的是公司利益的实用性,而股份有限公司注重的是程序的规范性。有限责任公司在公司可以获取更多利益时,执行董事可以当机立断,有较高的工作效率;而股份有限公司作出每项重大决策时,即使是对公司特别有利的重大事项,也必须按程序办。

(5) 股份有限公司可以采取募集方式设立,而有限责任公司则不可以。有限责任公司在任何情况下,都不可以募集资金。

(6) 股份有限公司可以通过上市发行股票,而有限责任公司则不能发行股票。股份有限公司通过发行股票可获得更多的资金,而这对有限公司来说是行不通的。有限责任公司与股份有限公司还有许多其他不同。

律师提示

1. 有限责任公司与股份有限公司之间的转换

值得说明的是,有限责任公司如果符合《公司法》规定的股份有限公司的条件,可以变更为股份有限公司。股份有限公司符合《公司法》规定的有限责任公司的条件,也可以变更为有限责任公司。也就是说,有限责任公司和股份有限公司都不是永久的模式,二者可以互变,但必须满足法定要求。一家公司是按有限责任公司运营,还是按股份有限公司运营,可以根据公司的实际情况而定。有的时候,可能采用有限责任公司的方式更有利于公司的发展,那么就没必要非变成股份有限公司;如果把有限责任公司变为股份有限公司,更有利于公司的发展和扩大,那也是可以操作的。但是,有限责任公司变更为股份有限公司,并不是简单地到工商行政管理机关登记了事,它必须依照法律程序进行改制。同时,有限责任公司变更为股份有限公司的,或者股份有限公司变更为有限责任公司的,公司变更前的债权、债务由变更后的公司承继。

2. 股份有限公司发起人和股东的区别

发起人是指签署发起协议、对公司设立承担责任的人。发起人为了实现设立公司的目的,通过签订设立公司的协议结合在一起,受发起协议的约束,在公司成立后具有股东身份。发起人作为一个整体,与成立后的公司没有直接联系,只是相对于设立中的公司而言,属于设立中的公司机关,对外代表设立中的公司进行创立活动,履行设立义务。股东身份的取得以公司成立为前提,股东不以发起人为限,在设立阶段和公司成立后认购、受让公司出资或股份的人都可以成为股东。

第六节
什么是国有独资公司

国有独资公司,是由国家授权投资机构或者国家授权的部门单独投资设立的有限责任公司。也就是说,这种公司只有一个投资主体,这个投资主体便是国家。长期以来,我国实行的是计划经济。在计划经济年代,国家设立了大批的国有工业、商业和其他行业的企业,这些企业经过不断转换和改制,许多已变成公司制企业,《公司法》出台后,这些公司仍然大量存在。面对此种现实,国家在立法时,必须给予这种公司应有的法律地位,也就是说,它要有形式上的合法性。因此,在《公司法》中对国有独资公司作了专门规定。

国有独资公司是有限责任公司的一种特定形式。设置这种形式是为了有利于国有企业实行公司制度改革,同时适应了国家对生产特殊产品或者在特定行业对企业形式的特定需要。所以,将这种公司形式的适用范围规定为:国务院确定的生产特殊产品的公司或者属于特定行业的公司。国有独资公司不同于一般的有限责任公司,它的董事长、副董事长、高级管理人员实行专任制,由国家指派;且公司的负责人,只能在国有独资公司任职,不能任意在其他公司任职。目前,国有独资公司制度只在国家垄断经营的邮政、铁路、民航、烟草、军工企业、稀有金属等领域实行。

第七节
选择哪种公司模式适合您

创业者在创业初期,最为困惑的应该是选择一种什么样的公司模式。因为不同的公司模式,将决定创业者的视野与创业激情。更重要的是,一种适合自己的公司模式,能够提高创业的成功率。您到底需要选择怎样的公司形式呢?下面我们来分析它们各自的优缺点。

一、有限责任公司的优缺点

1. 有限责任公司的优点

(1) 兼具了无限公司和股份有限公司的优点。有限责任公司既保留了股份有限公司有限责任的优点,又克服了股权分散、股东责任心不强的缺点。

(2) 设立程序简单。有限责任公司与股份有限公司不同,只能以发起方式设立,不能按募集方式设立,而且设立上的许多事务主要表现为股东之间的内部事务,如设立协议的签订、章程的制定和出资的履行,均主要由设立人自己掌握,其设立程序相对简单。

(3) 易于管理。根据我国《公司法》的规定,股东人数较少、规模较小的有限责任公司,可以不设董事会和监事会,只设一名执行董事和1至2名监事即可。此外,有限责任公司内部组织机构的召集办法和决议的形成程序也较为简单。比起股份有限公司,有限责任公司更易于管理。

（4）自我保护能力强。基于有限责任公司的封闭性，有限责任公司的经营事项和财产账目无需向社会公开，因而易于控制公司的商业秘密，防止泄露。而股份有限公司则不同，上市的股份有限公司，有些重要信息需向社会公众公开披露。

2. 有限责任公司的不足

（1）融资能力不强，难以成长。基于有限责任公司的封闭性，有限责任公司不能对外公开发行股票，因此丧失了像股份有限公司一样的融资能力，导致通常情况下有限责任公司的规模较小，不利于其成长为大型企业。

（2）股权转让限制严格。有限责任公司转让股份限制严格，甚至在股东对公司经营不满时，也不能自由转让出资，基于以上因素，有限责任公司不利于对经营者进行有效监督。（参见本书第八章第一节的相关内容）

（3）规范化管理程度较低。由于有限责任公司在融资能力和公司规模上很难和股份有限公司相比拟，因此有限责任公司在管理的规范性上也不如股份有限公司科学。

（4）缺乏公开性以及公众监督。由于有限责任公司具有封闭性的特征，有限责任公司的股东可能滥用公司的人格，从而导致对债权人利益的保护程度较低。因为公司治理结构具有较大弹性，而且缺乏公开性和公众监督，所以股东常常可以利用公司从事个人业务，不正当地逃避责任和风险，使公司和债权人的利益受到侵犯。

二、一人有限责任公司的优缺点

1. 一人有限责任公司的优点

（1）提高工作效率，快捷决策。由于一人有限责任公司内部管理结构比较简单，股东和董事往往由同一人兼任，在遇到需要决策时，执行董事可以当机立断，无需繁杂的会议决策程序，使公司能以更快捷的速度作出决策。

（2）一次投资，风险固定。有限公司的最大生命力在于有限责任，即股东以其出资为限对公司承担责任，公司以其全部资产对债务承担责任。一人有限责任公司的股东亦承担有限责任。这就使股东的投资风险预先已确定。另外，一人有限责任公司可实现公司财产和股东个人财产的分离，可以避免投资者因为一次投资失败而无法翻身，而个人独资企业就不具有这种优势,因此一人有限责任公司是单个自然人可以选择的较好的企业形式。

(3) 更有利于保护商业秘密。商业秘密对于企业来说,越来越重要。一人有限公司制度中,由于接触商业秘密的人比较少,且股东可有效地采取措施保护这些发明创造、专有技术,因而更有利于保护企业的商业秘密。

(4) 市场适应能力强。公司是市场的主体,公司如何在市场动作,主要是根据市场的变化来调整。一人有限责任公司由于管理简便,当需要市场转变时,其速度更快于其他类型的公司。

2. 一人有限责任公司的不足

一人有限责任公司有诸多优点的同时,也有其自身无法克服的缺点:

(1) 公司的组织机构难以健全,缺乏制衡机制。由于一人有限责任公司仅有一个股东,在传统公司法中股东间的互相监督与制约无法实现,这使唯一的股东可以利用公司法人的人格为个人谋私利,从而使利益由其独享,而责任则由公司承担,一人有限责任公司股东的唯一性,使传统的法人治理结构难以发挥作用。传统的法人治理结构——股东会、董事会、监事会作为制衡体系,其侧重点在于调整股本与所有权、股东与董事的关系,而在一人有限责任公司中,这一制度由于股东的单一化而难以起到切实作用。

(2) 不利于保护债权人的权益。由于一人有限责任公司对外承担的责任是有限的,而在企业内部又不能切实保证股东能合法、合理地经营与操作,这便极易产生大量的债权被承担"有限责任"者以合法借口拒之门外,使债权人实现债权受到较大威胁。一人有限责任公司的存在,在某种程度上说,为债权人设下了防不胜防的陷阱。

(3) 不利于公司的发展壮大。由于一人有限责任公司股东的唯一性,公司资金筹措能力就会受到限制;且一人有限责任公司的组织机构往往不健全,公众和市场可能对这类公司缺乏信任,公司很难融资和发展。

律师提示

通过上述分析,您创办公司时,可以选择有限责任公司,股东可以是几个人或者更多一点,也可以选择一人有限责任公司,股东仅您一个人,还可以选择入股其他股份有限公司。虽然股份有限公司的规模较大、资本较多,但它并不拒绝中小股东,而恰恰是众多的中小股东才支撑起了股份有限公司的擎天大厦。但如果您以微弱的股权加入了股份有限公司,您对公司的影响恐怕就微乎其微了,想有一番创业也就较难了。但并不排除,如果您选择了一个好的股份有限公司,公司也可能会给您带来很大的收益,以某电力上市股份公司来说,2006年年终分红为每股0.21元,应当说分红率是相当可观的。

三、股份有限公司的优缺点

1. 股份有限公司的优点

(1) 利于集资。股份有限公司是集中资本的一种最有利的公司形式。这得益于它可以对外公开发行股票,而且它的单一股份金额一般较少,可以更为广泛地吸收社会的小额分散资金。

(2) 分散风险。由于股份金额较少,股份有限公司大量股东个人所拥有的股份,只占公司总资本的很少一部分,而股东又只以其拥有的股份金额对公司承担财产责任,从而有利于分散投资者的风险。

(3) 公众性强。股份有限公司具有广泛的公众性,实行公示主义的管理办法,公开向社会招募资金,任何人都可以通过购买股票而成为股东,不受身份和其他个人条件的限制。

(4) 股份转让便捷。股份有限公司的股票可以自由转让,股东遇有急需,或因公司经营不善,面临亏损或破产时,可以根据自己的意愿将股份及时转让。

(5) 管理科学。股份有限公司适应了所有权和经营权相分离的生产方式的需要。在股份有限公司中,生产和经营管理活动由以董事和经理为中心的专门管理机构进行,众多的股东只是作为"资本的单纯所有者"领取股息和红利。这种管理的专门化有利于提高公司的管理水平。

2. 股份有限公司的不足

(1) 股份有限公司的设立程序与运营管理比其他公司复杂。股份有限公司的设立责任比较重,公司管理机构复杂、庞大,且多受约束和限制,较之其他公司不够灵活便利。

(2) 易于少数股东对公司操纵、控制和垄断的形成。由于公司股份数量很大,股东人数很多,只要掌握一定比例以上的股份,就能操纵、控制公司的管理,因此它很容易被少数大股东所利用,损害多数股东的利益。

(3) 股份有限公司股东流动性很大,不易控制掌握。股东对公司缺乏责任感,往往公司的经营稍有不佳,股东就抛售股票,转移风险,甚至会使可能扭亏为盈的公司,因股票价格的跌落而一蹶不振。

(4) 股票的自由流通,使得股票交易市场易成为不法者的投机场所。一些人不是通过企业的经营和合法的股票交易获取利润,而是通过操纵市场、内幕交易等非法行为牟取暴利。

第八节
公司以外还有哪些创业模式可供选择

公司是创业的主要模式,但绝不是唯一的模式。除了公司,其实还有许多模式可以供您选择,例如,开办合伙企业、创办个人独资企业、做个体工商户等。新颁布的《中华人民共和国民法总则》(以下简称《民法总则》)统一将除个体工商户以外的区别于公司的其他主体,称为非法人组织。非法人组织与公司的最大区别是,当非法人组织的财产不足以清偿债务时,其出资人或者设立人需承担无限连带责任;而在公司模式下,公司以其全部资产对外承担责任,股东只以认缴的出资额为限承担有限责任。

一、公司以外的其他创业模式

(一) 合伙企业

合伙企业,是指由各合伙人订立合伙协议,共同出资,共同经营,共享收益,共担风险,并对合伙企业债务承担无限连带责任的营利性组织。

1. 合伙企业的特点

合伙企业与其他市场主体相比,有许多特点:

(1) 合伙企业由各合伙人组成。合伙企业不是单个人的行为,而是多个人的联合,也就是说,一个合伙企业至少有两个以上的合伙人。合伙人可以是中国的自然人、法人和其他组织,在法律上没有严格的限制。

(2) 合伙协议是合伙企业成立的法律基础。合伙企业的实质是一种合同行为，它是依据合伙协议确定下来的。因此，订立合伙协议是办好合伙企业的前提。每个合伙企业都应该尽力把合伙协议写得详尽，以免日后产生纠纷。

（3）合伙企业的内部关系属于合伙关系，就是合伙人共同出资、共同经营、共享收益、共担风险的关系。合伙企业的最大特点是，一荣俱荣，一损俱损。

（4）普通合伙人对企业债务承担无限连带责任。也就是说，当合伙企业负债时，每个合伙人都有偿还的义务，直到还完为止。在未还清债务之前，谁也脱不了干系。无限连带责任不仅仅限于合伙企业的现有财产，当合伙企业的财产不足清偿时，每个合伙人都应该以自己的个人财产清偿，直至全部清偿债务。由此可见，合伙企业在给创业者带来好处的同时，也给合伙人带来许多风险。因此，创办合伙企业，选择合伙人很重要，选不好合伙人，很容易导致自己负债累累。尽管如此，如果您想开办合伙企业，还是应该了解这种创业模式。

2. 成立合伙企业应具备的条件

合伙企业应该具备的条件主要是：

（1）有两个以上的合伙人。一个人不可以成立合伙企业。

（2）有书面合伙协议。合伙的事项以书面方式固定下来。只有口头协议而没有书面协议，很容易导致公说公有理，婆说婆有理，产生纠纷时，不好决断。为了防止日后产生纠纷，还是在合伙之初，就签订合伙协议，以便合伙各方按协议办事。其实协议是解决各方纠纷的凭据，也是处理合伙人之间事务的准则。因此，合伙协议不是可有可无的，而是必须具备的。

（3）有合伙人实际缴付的出资。至于出资多少，由合伙人根据情况而定，法律没有上限和下限的规定。

（4）有合伙企业的名称。

（5）有经营场所和从事合伙经营的必要条件。

> **律师提示**
>
> 具备上述条件时，您就可以开办合伙企业了，但合伙企业也应到工商行政机关办理注册登记。

（二）个人独资企业

个人独资企业，是指由一个自然人投资，财产为投资人个人所有，投资人以其个人财产对企业债务承担无限责任的经营实体。

1. 个人独资企业的特点

个人独资企业在实际创业中也被人们所经常采用，这种创业模式具有如下特点：

（1）个人独资企业由一个自然人投资。这里说的自然人只是指中国公民，不包括外商独资企业。申请设立个人独资企业的投资人应当具有相应的民事权利能力和民事行为能力。法律、行政法规禁止从事营利性活动的人，例如，政府公务员不得作为投资人申请设立个人独资企业；限制民事行为能力人和无民事行为能力人不得作为投资人申请设立个人独资企业。

（2）个人独资企业的财产归投资者个人所有。

（3）个人独资企业的投资人以其个人财产对企业的债务承担无限责任，也就是说，当企业财产不足以清偿到期债务时，投资人应以个人的全部财产进行清偿。

（4）个人独资企业的内部机构设置简单，经营管理方式灵活。

2. 设立个人独资企业的条件

设立个人独资企业应该具备的条件主要是：

（1）投资人为一个自然人，且只能是中国公民。

（2）有合法的名称。个人独资企业的名称可以是厂、店、部、中心或者工作室等，但不得使用"有限""有限责任"或"公司"等字样。

（3）有投资人申报的出资。个人独资企业的投资人可以以个人财产出资，也可以以家庭共有财产出资。以家庭共有财产作为个人出资的，投资人应当在设立登记书上注明。

（4）有固定的生产经营场所和必要的生产经营条件。

（5）有必要的从业人员。

> 律师提示

创办个人独资企业比开办公司要简单些。创办这种企业没有组织机构的要求,也不需要像公司那样缴纳两种税(企业所得税和个人所得税)。个人独资企业比较适合家族经营。如果您创办企业,不想与别人合作,开办这种企业也比较方便,不愧是一种灵活自如的可选择的创业模式。

(三) 个体工商户

个体工商户,是指在法律允许的范围之内,依法经核准登记,从事工商业经营的自然人。

1. 个体工商户的特点

个体工商户从经营上说,具有以下特点:

(1) 个体工商户是以自然人或家庭为单位创办的经营实体,它既不同于个人独资企业,也不同于个人合伙。

(2) 个体工商户需经核准登记,取得营业执照后,才可以开始经营。

(3) 个体工商户只能从事经营法律、政策允许的行业。

2. 开办个体工商户应具备的条件

开办个体工商户应具备以下条件:

(1) 有经营场所。经营场所是开办个体工商户的前提条件,没有经营场所开办个体工商户不能获得批准。

(2) 有一定的流动资金。个体工商户经营范围比较广泛,最典型的就是开办食杂店或者一定规模的超市。无论进货还是结算,都需要一定数量的资金,没有流动资金,开办个体工商户是无法运营的。

(3) 有必要的从业人员。必要的从业人员,主要根据个体工商户经营规模的大小来决定,规模大一些的个体工商户,需要的从业人员也必然多一些,而经营规模较小的个体工商户,有时一两个人就足够了。

律师提示

在上述几种创业模式中,个体工商户最简单易办,它无需更多的资金,也不用办理那些复杂的登记手续,只要办理经营执照就可以了。个体工商户可以作为就业手段,如果去创业,个体工商户就显得空间非常狭窄了。

二、其他创业模式的相互区别和优势比较

合伙企业与个人独资企业,以及个体工商户之间有着较大的区别,您在创业时,可以根据它们的不同优势,结合自身的实际情况进行谨慎地选择。

(一) 合伙企业与个人独资企业的区别

合伙企业是由两个以上的合伙人开办,而个人独资企业是由一个人开办,合伙企业合伙人之间承担的是连带责任,而个人独资企业承担的是无限责任。也就是说,合伙企业如果开办不成功对外负债时,会连带另外的合伙人,而个人独资企业不会连带任何人。

1. 合伙企业的优缺点

合伙企业的优点是:

(1) 合伙企业的资本来源比独资企业广泛,它可以充分发挥企业和合伙人个人的力量,这样可以增强企业的经营实力,使得其规模相对扩大。

(2) 法律对于合伙企业不作为一个统一的纳税单位征收所得税,因此,合伙人只需将从合伙企业分得的利润与其他个人收入汇总缴纳一次所得税即可。

(3) 由于法律对合伙关系的干预和限制较少,因此,合伙企业在经营管理上具有较大的自主性和灵活性,每个合伙人都有权参与企业的经营管理工作,这点与股东对公司的管理权利不同。

合伙企业的缺点是:

(1) 相对于公司而言,合伙企业的资金来源和企业信用能力有限,不能发行股票和债券,这使得合伙企业的规模不可能太大。

(2) 由于合伙企业具有浓重的人合性,任何一个合伙人破产、死亡或退伙都有可能导致合伙企业的解散,因而其存续期限不可能很长。

| 律师提示

基于以上分析,创业者在选择公司模式时,应当根据自己的具体条件审慎选择,在看到创办一种公司优势的同时,也要考虑到其特殊的限制条件,做到

有的放矢、积极稳妥。否则,将可能在资金占用量、财务成本,以及债务承担上承受过大压力,形成事与愿违的不利结果。

2. 个人独资企业的优缺点

个人独资企业的优点是:

(1) 企业无单独的所得税。独资企业的所得收入归业主,由业主在计算个人所得税时统一计税,从而避免了企业所得税的征收。

(2) 独资企业很容易建立。大多数市场经济国家出于发展经济的目的,鼓励个人投资,因而对建立独资企业的限制不多。

(3) 对独资企业管制较少,以保证业主的自主经营管理权。《中华人民共和国个人独资企业法》(以下简称《个人独资企业法》)除了对独资企业生产经营范围作了一定的限制以外,对于财务信息报告、企业发行证券等重要事项并没有作出限制,而对于公司制企业则有相应的管理措施。

个人独资企业的不足是:

(1) 投资人承担无限责任。个人独资企业的盈亏和资产负债完全由投资人承担。一旦企业破产,投资人不仅需要用该独资企业的财产清偿,如果清偿不够,还需要用自己的其他财产清偿,这就是无限责任。因此,所有者不仅可能投资血本无归,个人还须承担因企业破产而无法偿还的其他债务。

(2) 难以在资本市场上筹集资本。由于独资企业规模一般比较小,市场投资者会认为风险较大,一般不愿意投资个人独资企业。

(3) 所有权难以转让。由于个人独资企业的所有权不是股票形式,无法实现自由转让,因而当企业发生经营困难时,无法通过转让企业所有权而降低风险。

(二) 合伙企业与个体工商户的区别

(1) 个体工商户是自然人或者家庭兴办的;而合伙企业可以是自然人合伙兴办的,也可以是自然人与法人合伙兴办的。

(2) 个体工商户是自己经营,而合伙企业是有组织地经营;个体工商户只能经营烟、酒、糖、茶之类的小商品,而合伙企业可以经营许多与市场对路的产品。相比之下,合伙企业比个体工商户的发展空间要大得多。

（三）个人独资企业与个体工商户的区别

（1）个人独资企业具备一定的生产经营条件，而个体工商户则不具备生产经营条件。

（2）个人独资企业需对企业进行日常管理，并组织生产和经营，而个体工商户无需进行企业式的日常管理。

（3）个人独资企业具备一定的规模，而个体工商户不用具备一定的规模，在自己家也可以开办小食品店。

（4）个人独资企业需要聘用工人或者其他人员，而个体工商户无需聘用工人或者其他人员。

（5）个人独资企业会发生一定的生产成本和人工费用，而个体工商户没有生产成本和人工费用，只是需要些流动资金。

（四）一人有限责任公司与个体工商户的区别

（1）一人有限责任公司需要按公司的组织模式管理，而个体工商户不是公司形式，无需按公司的组织模式管理。

（2）一人有限责任公司受《公司法》调整，而个体工商户则不在《公司法》的调整之列。

（3）一人有限责任公司需要聘用人员开展必要的工作，而个体工商户有时则由业主承担全部工作，绝大多数是自己家人经营。

（4）一人有限责任公司必须有章程和组织机构，而个体工商户则无需章程和组织机构。

总之，一人有限责任公司是公司的组织形式之一；而个体工商户不是公司，它是以家庭为单位的经营实体。

（五）一人有限责任公司与个人独资企业的区别

个人独资企业和一人有限责任公司都是由一个人投资的，两者看上去很相似，但实际上区别很大。

1. 出资不同

个人独资企业只有一个投资人出资经营，而一人有限责任公司可以是一个自然人出资，也可以是一个法人出资。

2. 法律资格不同

一人有限责任公司由《公司法》调整,依法取得法人资格,而个人独资企业由《个人独资企业法》调整,为自然人企业,不具有法人资格。个人独资企业的主体事实上是投资者本身,其对外经济交往的实质,是自然人以法律许可的方式与他人进行民事联系,该自然人承担一切相关的后果,并享受因此而产生的权益。

3. 责任后果不同

一人有限责任公司为有限责任公司,公司股东以其出资额为限对公司负有限责任,而个人独资企业的出资人对企业的债务不是承担有限责任,而是承担无限连带责任。

4. 组织机构不同

一人有限责任公司可依法设立董事会、监事会等组织机构,而个人独资企业则一般只有经营管理机构。就经营管理体制而言,相比之下,一人有限责任公司较个人独资企业的组织结构更合理。

5. 承担的税收义务不同

一人有限责任公司需分别缴纳法人所得税和个人所得税,而个人独资企业只需要投资者缴纳个人所得税。

(六) 一人有限责任公司与合伙企业的区别

1. 投资人不同

一人有限责任公司由一个投资人开办,而合伙企业必须由两个以上的人开办。

2. 法律地位不同

一人有限责任公司是公司存在形式的一种,而合伙企业则不属于公司。一人有限责任公司必须按《公司法》的要求运作,而合伙企业则不必按《公司法》的要求运作,只按《中华人民共和国合伙企业法》(以下简称《合伙企业法》)运作。

3. 决策机关不同

一人有限责任公司是董事会或执行董事说了算,而合伙企业则是合伙人说了算。

> **律师提示**
>
> 一人有限责任公司与合伙企业有许多不同之处。在实践中,究竟是哪种形式更适合您,由您自己选择。

(七) 有限责任公司与合伙企业的区别

1. 对主体的要求不同

对有限责任公司的创办主体要求是1人以上50人以下;而合伙企业的创办主体,可以是两个人,也可以是三五个人,除有限合伙企业以外(为防止利用有限合伙形式进行非法集资,损害广大投资者的利益,《合伙企业法》规定有限合伙企业由2人以上50人以下合伙人设立),在数量上没有限制。

2. 承担的责任不同

有限责任公司创办主体承担的是有限责任,仅以出资额为限,股东并不承担无限责任;而合伙企业创办主体承担的是连带责任,每个创办人对合伙企业都有清偿债务的责任,合伙人张三还不上李四还,李四还不上王五还,直至还清为止。从这一点上说,合伙企业的经营风险要比有限责任公司的大得多。

3. 管理依据不同

有限责任公司是按公司章程办事,而合伙企业是按合伙协议办事。

4. 对组织机构的要求不同

有限责任公司无论是一人有限责任公司,还是多人有限责任公司,它们都有组织机构;而合伙企业则不用有组织机构,有些事合伙人自己决定就可以了。

由此可见,合伙企业从组织形式上来说,更灵活、更方便。

第二章

开办公司需要多少钱和需要哪些文件

引言:《南皮县志·风土志下·歌谣》:"兵马未动,粮草先行。"要开办公司,需要准备好启动资金及注册所需的各种文件。

本章将带您了解注册资本和开办公司所需的各种文件。

第二章
开办公司需要多少钱和需要哪些文件
* * * * *

开办一家公司需要多少钱,这是开办公司的人普遍关心的。"一元开公司"是真的吗?

第一节
注册资本

2013年《公司法》修订的最大亮点是公司注册资本制度的改革,公司注册资本由实缴制改为认缴制。注册资本认缴制度意味着注册资本是多少,分几次缴,何时到位,这些都取决于公司自身,原则上法律再无强制性要求。

注册资本是开办公司时,开办人向公司登记机关注册登记的资本总额。注册资本从性质上说,是开办公司的注册本钱。注册资本不是把钱缴纳给工商局,而是存到设立公司指定的银行账户上,计入公司的实收资本,用于公司的日常运营。修订后的《公司法》在注册资本制度上的变化主要有以下四个方面:

一、由实缴制改为认缴制

认缴登记制不会导致股东出资义务的任何改变,改变的仅是出资的时间与期限。股东可以在公司章程中自由约定出资时间,也可以根据公司的实际运营需要,按照法律法规和公司章程的规定修改关于出资时间的约定。公司设立时,注册资本是公司投资创业的启动资金,在公司运营过程中,则转换为公司责任、财产的构成部分。"一元钱办公司"只是一个形象的比喻。投资者还是应该根据公司从事的生产经营活动,合理选择相符的注册资本规模,以取得交易对象的信任。

二、取消法定最低注册资本制度

除特定行业外，取消有限责任公司最低注册资本 3 万元、一人有限责任公司最低注册资本 10 万元、股份有限公司最低注册资本 500 万元的限制，设立以上几种类型的公司，可以由股东自由约定注册资本的数额。但特殊情形下，如果法律法规对公司注册资本最低限额另有规定，要遵循特别规定，如根据《中华人民共和国劳动合同法》(以下简称《劳动合同法》)的规定，劳务派遣公司的注册资本最低为人民币 200 万元。

三、取消首次出资比例、缴足出资期限和货币出资比例的限制

取消了货币出资不低于 30% 的规定，以实物、知识产权、土地使用权等非货币资产出资的，可以是注册资本的 100%，股东的出资方式更加灵活。

四、公司设立时无需提交验资报告，实收资本不再是工商登记的事项

除募集设立的股份公司外，公司设立时无需提交验资报告，这将极大地减轻设立公司的成本支出。

五、认缴数额越大，承担责任越大

注册资本数额越大，并不能说明公司实力越强、信用越好。以北京为例，公司认缴的出资金额及出资期限将通过"国家企业信用信息公示系统"向社会进行披露，如果超出股东经济实力，盲目认缴巨额资本，超过合理期限随意约定过长的出资时间，不仅加大了股东责任，而且也影响公司的公信度和竞争力。因此，股东在认缴出资时，应充分考虑自身所具有的投资能力，理性确定认缴金额及出资时间，以避免承担与自身实力不符的责任风险。

注册资本实缴无期限限制，并不代表股东能以"出资期限"未到拒绝清偿债务。根据《中华人民共和国企业破产法》(以下简称《企业破产法》)第 35 条的规定，当公司进入破产程序后，不论股东的出资期限是否已到期，只要股东还未履行出资义务，股东就应即时履行(股东出资义务的加速到期)。

> **律师提示**

（1）股东未按章程规定如期缴纳出资的法律责任。根据《公司法》的相关规定，股东未如期缴纳出资的，除应补缴外，还应向已按期足额缴纳出资的股东承担违约责任。建议股东在公司章程或者出资协议中明确约定逾期出资股东的违约责任，包括具体承担方式、计算方法等内容。

（2）仍实行注册资本实缴制的行业，包括采取募集方式设立的股份有限公司、商业银行、外资银行、金融资产管理公司、信托公司、财务公司、金融租赁公司、汽车金融公司、消费金融公司、货币经纪公司、村镇银行、贷款公司、农村信用合作联社、农村资金互助社、证券公司、期货公司、基金管理公司、保险公司、保险专业代理机构、保险经纪人、外资保险公司、直销企业、对外劳务合作企业、融资性担保公司、劳务派遣企业、典当行、保险资产管理公司、小额贷款公司。

（3）注册资本来源于股东的出资，股东的出资进入公司账户后，这笔钱股东个人就不能随意支配了，而是由公司使用管理。注册资本的多少代表着公司的资金实力。公司在运营中，注册资本可以增加，例如，注册资本从100万元增加到300万元。注册资本也可以减少，例如，注册资本从1000万元减少到700万元。注册资本的增加或减少，由股东会讨论决定，股东个人不能决定注册资本的增加与减少。无论注册资本的增加或者减少，都应该到工商局办理注册资本变更登记。

第二节
可以用实物作为出资吗

如果您开办公司缺少资金，想以实物出资，从法律上说也是可以的。根据我国法律的规定，开办公司应缴纳注册资本，注册资本可以是金钱，也可以是实物。

一、实物包括哪些

根据我国《公司法》的相关规定,股东可以用货币出资,也可以用实物、知识产权、土地使用权等可以用货币估价并可以依法转让的非货币财产作价出资,但是,法律、行政法规规定不得作为出资的财产除外。实物包括动产与不动产。实践中,出资的实物应该是公司生产或经营活动所需要的房屋、机器设备、原材料、货物等物资,非公司生产经营活动所需要的物资,一般不能作价出资。

用实物怎样出资呢?在实际操作中,作价出资的实物必须是可以用货币估价并能够依法转让。实物出资必须满足两个要求:

1. 可评估性

也就是这个实物能够评估出价值来,不能评估出价值的实物,不能作为出资的实物。实物评估时,需经有资质的评估机构用专门的评估方法作出评估,这样的评估价值才能得到确认。

2. 出资人对实物有完全处分权

出资人以实物出资,应该对该实物享有所有权、处分权,因为实物一旦被作为出资,即成为公司所有的财产,出资人不得抽回出资。因此,设立担保的实物,租赁他人的实物,均不得作为实物出资。出资人应该就其实物出资承担权利瑕疵担保责任,即保证第三人不会就该出资的实物向公司追讨,主张权利。

用实物出资的程序如下:

(1)实物需要经专业会计师事务所或者资产评估事务所评估作价,核实财产,既要核实实物的产权,也要对其价值进行真实的评估,不得高估和低估作价,如果有意高估造成出资不实的,评估机构应承担法律责任。未评估的,公司、其他股东、债权人可请求法院认定未履行出资义务,法院组织评估后,如评估确定的价额显著低于公司章程规定的价额,将会被认定为未全面履行出资义务。

(2)办理财产权移转手续。股东将自己的实物作价出资后,应将自己名下的财产更名过户到公司名下。不办理实物财产转移,又未能交付公司使用的,当然不能认定为用实物出资。但未办理实物财产转移,却已交付公司使用的,出资人可主张交付给公司使用时即享有股东权利。

法规链接

《中华人民共和国公司法》

第二十七条　股东可以用货币出资，也可以用实物、知识产权、土地使用权等可以用货币估价并可以依法转让的非货币财产作价出资；但是，法律、行政法规规定不得作为出资的财产除外。

对作为出资的非货币财产应当评估作价，核实财产，不得高估或者低估作价。法律、行政法规对评估作价有规定的，从其规定。

二、知识产权、土地使用权也可以出资

在股东入股出资时，知识产权和土地使用权都可以作价出资，这是法律所允许的。

1. 知识产权包括哪些

知识产权是基于创造性智力成果和工商业标记依法产生的权利的统称。从法律上说，它属于民事权利的一部分。知识产权传统上包括著作权、专利权和商标权三个法律领域。

（1）著作权。著作权是指基于文学艺术和科学作品依法产生的权利，著作权有时也称为版权。著作权主要包含两个方面：一是作者的身份权，二是作品的财产权。身份权又包括作者的资格权、发表权、署名权、修改权和维护作品的完整权。作品的财产权又包括能够获得收益的作品发行权、表演权、播放权、展示权、改编权等。股东用著作权入股时，主要是著作权中的财产权利部分，只有财产权利才可以作价评估，作者的身份权是很难作价评估的。所以，在一般情况下，股东应以著作权中的财产权出资入股。实践中，的确存在以著作权出资入股的情况。以著作权出资入股的往往是一些著名作家，由于他们的声望较高，在出资时，很少以现金的方式出资，多数以作品出资。作品能值多少价值，应该经过评估，不能仅是出资人之间的"口头会气儿"。

（2）专利权。专利权是指专利权人在法律规定的期限内对其发明创造享有的独占权。专利从属性上说，具有排他性、地域性和时间性。排他性，是指未经专利权人许可，任何人不可以使用专利权人所独享的专利技

术。如果想要使用这种专利技术，必须经过专利权人授权许可，并支付相应的费用。地域性，是指专利权有地域限制，未经在专利机关登记的专利是不受法律保护的。时间性，是指对专利的保护有一定的期限，超过期限后，专利便不受保护。但专利的保护期限比较长，有的10年，有的20年或更长时间。因此，要想使用一项专利技术，用新的生产工艺和方法生产更多的产品，必须向专利权人支付报酬。专利权人为了使自己的发明专利投入生产，获得更大的利益，可以将自己的专利投资入股与别人合办公司。

专利分为发明专利、实用新型专利和外观设计专利。所谓发明，是指对产品、方法或者其改进所提出的新的技术方案。发明应当具备以下几个特点：首先，发明应该是一种生产工艺、技术、方法的创新。创新应是与现有技术相比较，发明必须是前所未有的，并且有一定的进步或者难度。如果完全是重复前人的成果，那么就不能称其为发明。其次，发明必须利用自然规律或者自然现象。离开了自然规律或者自然现象，不能称其为发明。最后，发明是具体的技术性方案，也就是在利用自然规律或者现象的基础上发展起来的各种工艺操作方法和生产技能，以及与之相应的生产工具、物资设备等。具体的技术方案应该是能够付诸生产实际的，并达到一定效果。发明又分为职务发明和非职务发明。发明人有的是自然人，有的是企业法人或科研单位。发明人可以将自己的发明许可他人使用，也可以用发明投资入股开办公司。

所谓实用新型，是指对产品的形状、构造或者其结合所提出的适合于实用的新的技术方案。与发明相比，它们最大的共同之处在于都属于技术方案，因此在保护模式上完全相同。

所谓外观设计，是指产品的形状、图案或者其结合以及色彩与形状、图案的结合所作出的富有美感并适于工业应用的新设计。外观设计追求的是视觉的美感，比如，汽车奥迪A6的外观设计看上去具有良好的流线型和美感，这种外观设计受到了普遍的认可和好评。如果其他公司想使用这种外形，必须得到奥迪公司的许可并支付相应的许可费。同时，外观设计也可以评估作价后投资入股。

律师提示

专利上的发明、实用新型和外观设计，都可以通过评估作价后，作为创办公司的出资。

（3）商标权。商标权是商标注册人对其注册的商标所享有的权利。任何一个商标，必须经过注册才能受到国家法律的保护，享有商标的权利。不经注册的商标，尽管知名度很高，也不能得到法律的保护。法律保护商标权，主要是保护商标注册人对商标的占有、使用、收益和处分的权利，商标一经注册，他人就不可随意使用。显然，商标权具有独占性或排他性。商标是企业长期生产经营创立下的以一定图形或文字表达的标识，它是企业千辛万苦创业和积累的知识产权成果。因此，《公司法》允许设立公司时，以商标权作价出资入股。以商标权入股时，商标应经过评估，估出一定的价值，主要是根据商标的知名度来评估价值，作价出资入股后的商标，应允许新的公司使用。

2. 知识产权怎么出资

（1）以知识产权出资时应评估作价。出资人去评估机构办理委托评估手续，评估机构应按专业标准评估，不得高估或低估，并出具评估报告。实践中，某些专利技术还处于研发、试验、审批的阶段，不具有可评估性，只能由各出资方对其价值进行协商，此时要注意协商定价与《公司法》中规定的出资的关系。该专利技术如果不经专业机构评估，可能会导致该专利资产价值一直处于不确定状态。未经评估、仅依协商定价，该专利技术价值可能被高估，以该技术出资的股东可能被要求补足差额，其他股东可能承担连带责任。同时，如公司、其他股东或者公司债权人请求认定该股东未履行出资义务的，法院应委托具有合法资格的评估机构对该财产评估作价。评估确定的价额显著低于公司章程所定价额的，才能认定出资人未依法全面履行出资义务。同时，如果知识产权出资占注册资本比例过高，容易导致公司经营资金短缺，因此应当结合公司自身发展的需要，将知识产权出资所占注册资本比例控制在合理范围内。

（2）办理知识产权转让手续，转让到新的公司名下。举例说明，以商标权出资，先到会计师事务所评估作价，把商标评出一定价值，然后再到国家商标局办理商标移转手续，把商标权转让给新公司。

（3）持商标评估报告和国家商标局的批件，到工商行政管理机关办理登记手续。以专利权作价出资的，也需对专利作价评估，并到国家专利机关办理批件，然后再到工商行政登记机关办理登记手续。

3. 土地使用权怎么出资

在我国，根据法律规定，土地归国家所有和集体所有。公司登记注册时,股东可以用土地使用权出资入股。以土地使用权出资,一般是以国有出让土地出资入股。如果以划拨土地使用权作价出资的,需要办理土地使用权出让手续。土地作价入股时,土地使用者应首先向人民政府申请办理土地使用权出让手续,缴纳土地出让金,取得土地使用权。

如果以农村集体土地使用权向非农村集体经济组织设立的企业作价出资的,需要先办理集体土地征用和土地出让手续,取得土地使用权。办理土地使用权出资入股程序如下:

(1)进行土地使用权的评估作价。根据《公司法》第27条第2款的规定,对土地使用权作价出资的,应当评估作价,核实财产,不得高估或者低估作价。

(2)办理土地过户登记手续。股东以土地使用权作价出资后,该土地使用权的权属应当发生转移,即从股东名下转移至公司名下。根据《公司法》以及《中华人民共和国土地管理法》的规定,以非货币财产出资的,应当依法办理其财产权的转移手续,依法改变土地权属的,必须办理土地使用权变更登记手续,更换土地使用权证。因此,股东按照出资协议约定的出资期限,在履行土地使用权出资义务时,不仅应将所出资的土地使用权交付于公司使用,而且还应当办理土地使用权过户登记手续,使该出资的土地使用权过户至公司名下。

律师提示

从以上叙述可以看出,创办公司,可以用货币出资,也可以用实物出资,还可以用知识产权和土地使用权出资。但无论以哪种方式出资,根据《中华人民共和国公司登记管理条例》(以下简称《公司登记管理条例》)第14条的规定,都不得以劳务、信用、自然人姓名、商誉、特许经营权或者设定担保的财产等作价出资,这是公司注册登记所不允许的。

第三章

制定公司章程

引言：公司章程，既是公司成立的基础，也是公司赖以生存的灵魂。章程在公司的地位相当于宪法在国家的地位一样，章程是公司的根本大法，是公司日常运行的基本规则。

本章将带您了解什么是章程、章程的意义是什么、章程的法定要求是什么、章程可以自由约定的内容有哪些，以及章程如何制定。

第三章
制定公司章程
* * * * *

第一节
公司章程是什么

章程是关于公司管理和运行的公司内部规则,无论是成立有限责任公司还是成立股份有限公司,在成立的开始阶段,都必须制定公司章程。章程是办理公司登记的必备文件之一。章程在公司的地位相当于宪法在国家的地位一样,章程是公司的根本大法,是公司日常运行的基本规则。

一、公司章程是公司成立的必备条件

没有公司章程,公司不能成立。成立公司必须制定公司章程,公司章程的制定和修改都必须严格遵照《公司法》的规定,《公司法》第25条、第81条分别对有限责任公司和股份有限公司的章程所应当载明的事项进行了规定。制定公司章程时,必须以该规定作为最基本的要求,不得任意减少和违背。另外,公司章程的修改必须履行相应的法定程序并经工商部门的登记,才能对外发生法律效力。我国《公司法》明确规定,设立公司必须依法制定公司章程。公司章程是公司登记机关进行登记时主要审查的内容之一,成立公司不制定章程,登记机关应不予登记。章程变更时也要到工商行政管理机关办理变更登记。

二、章程是公司自我运行的规则

由于章程对公司的组织结构和运行规则作出了明确的规定。公司成立后,一切都得根据章程的规定去运行。例如,章程规定了董事会的职权,董事会在行使职权时,应按章程规定的职权范围行使,不得越权作出决定。章程还对总经理的职权作出了规定,总经理也不得超越职权擅自决定其他事项。同时,章程还对监事会的职权作出了规定,监事会也必须依章程规定的职权行使监督权。章程是公司运行必须执行的自治规则,它

在公司制定的全部规范文件中,具有最高的法律效力。章程不是给登记机关看的,而是公司自我管理、自我发展的程序性和实体性规定。因此,必须自觉贯彻和执行章程。

律师提示

我国《公司法》新修订后,对公司章程的制定作出了较为宽松的调整,增加了公司自治的权力。例如,根据《公司法》第42条的规定,股东会会议由股东按照出资比例行使表决权,但是公司章程另有规定的除外。因此,股东会决议进行表决时,可以按出资比例表决,也可以根据章程的规定按人表决。这较之过去的规定就灵活得多,而且是把这一表决权授予公司本身,公司又把这种表决权规定在章程之中。

三、公司章程是公开的,可以查阅

章程具有稳定性,一经依法制定,不得随意变更。公司章程是确定公司权利、义务的基本法律文件,记载着公司成立的目的和经营范围、公司的资本、公司的所有人及公司的法人财产权,规定了公司的组织制度、企业管理制度等多项内容,从而使投资者、与公司进行交易者、社会公众及国家,更能一目了然地了解公司的基本情况和主要特征,易于判断公司行为的合法性与非法性,有利于建立公平竞争的市场秩序,保护投资和交易的安全。公司章程的信息与公司的其他文件提交工商部门后即具有公开性,这是一种外部性价值的体现。章程的内容向社会公开,以供公众查询,国家亦根据依法登记的章程,对公司进行监管。章程也是保护公司债权人利益的重要手段,它记载了涉及公司的方方面面,反映了公司的全貌,披露了公司的信息。

法规链接

《中华人民共和国公司法》
第二十五条　有限责任公司章程应当载明下列事项:
(一)公司名称和住所;

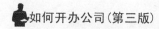

（二）公司经营范围；
（三）公司注册资本；
（四）股东的姓名或者名称；
（五）股东的出资方式、出资额和出资时间；
（六）公司的机构及其产生办法、职权、议事规则；
（七）公司法定代表人；
（八）股东会会议认为需要规定的其他事项。
股东应当在公司章程上签名、盖章。

第四十二条　股东会会议由股东按照出资比例行使表决权；但是，公司章程另有规定的除外。

第八十一条　股份有限公司章程应当载明下列事项：
（一）公司名称和住所；
（二）公司经营范围；
（三）公司设立方式；
（四）公司股份总数、每股金额和注册资本；
（五）发起人的姓名或者名称、认购的股份数、出资方式和出资时间；
（六）董事会的组成、职权和议事规则；
（七）公司法定代表人；
（八）监事会的组成、职权和议事规则；
（九）公司利润分配办法；
（十）公司的解散事由与清算办法；
（十一）公司的通知和公告办法；
（十二）股东大会会议认为需要规定的其他事项。

第二节
公司章程的重大意义

章程对公司的成立及运营具有十分重要的意义，它既是公司成立的法律要件，也是公司赖以生存的基础。

一、公司章程对公司具有举足轻重的作用

（1）公司章程反映了公司的基本情况，公司在对外进行经营活动时，特别是签订合同时，根据章程可以判断出公司的主体资格和经营范围，保证交易者的交易安全，减少不必要的市场风险。因此，公司章程有利于提高交易的安全性，维护公司债权人和交易方的切身利益。

（2）公司章程是一种自治性规则，是公司的最高权力组织——股东会（股东大会）制定的，体现了股东与公司之间的权利和义务关系。只要公司章程不违背法律强制性和禁止性规定，章程可以更为详尽地规定公司运行和管理的规则，以便在日后操作中共同遵守。

（3）公司章程是公司的最高行为规范，规定了管理人员的职责和职权范围。一家公司必须要有公司章程来约束股东、董事、监事、经理等高级管理人员，规定他们的职责范围，起到相互监督的作用，并以章程作为内部组织机构的设置、组成人员、议事规则、各个机构的权限及责任等公司治理的基本规则。

二、公司章程的效力

公司章程由出资人或股东制定，且股东应当在公司章程上签名盖章。章程一经注册登记，即发生法律效力，对公司全体股东具有约束力。如果公司股东之间发生纠纷，或者董事长与总经理之间发生职务冲突，或者公司内部发生其他纠纷，公司章程是解决这些纠纷的根本依据。

第三节
公司章程的法定要求

根据我国《公司法》的规定，公司章程中的有些内容是强制性规定，有些是任意性规定。强制性规定，是指在公司章程中必须明确加以规定的，如果没有记载则不能登记为公司。例如，《公司法》第25条对有限责任公司章程的内容作出了明确规定，章程必须记载公司名称、住所、经营范围、

注册资本、股东的姓名或者名称、股东的出资方式、出资额和出资时间、公司的机构及其产生办法、职权、议事规则、法定代表人等,股东应当在公司章程上签名、盖章。公司登记时这些内容是不可缺少的。任意性规定,是指我国《公司法》允许公司自行约定的章程内容,公司可根据实际情况自行确立公司章程的相关内容(见表3-1所示)。

表3-1 公司章程的记载事项

	含义	举例说明
强制性记载事项	如果不对该事项加以记载,章程本身将会失效	例如,公司名称和住所、公司经营范围、公司注册资本、股东的姓名或者名称、股东的出资方式、出资额和出资时间、公司法定代表人
相对必要性记载事项	如果不对该事项加以记载,不会影响章程的效力;但该事项没有记载,也不会产生效力	例如,设立费用、实物出资、股份转让的限制等
任意性记载事项	如果不对该事项加以记载,不会影响章程的效力;在章程之外进行规定也可以有效地约束行为人	例如,股东大会的召集日期、董事和监事的人数等

第四节
公司章程的自由约定

我国新《公司法》对原《公司法》进行了大刀阔斧的修改,赋予了公司更高的自治能力,增强了公司的灵活性,这主要体现在公司章程的制定上,许多内容都可以由公司自行决定。例如,公司可以对股东会表决制度、股东分取红利、公司经营范围、法定代表人、公司治理结构、股权转让、公司对外投资、公司担保等方面进行自主规定。为了便于了解这些自行决定的内容，分别叙述如下：

(1)《公司法》第12条授权，公司的经营范围由公司章程规定。

(2)《公司法》第13条授权，公司法定代表人依照公司章程的规定，可以由董事长、执行董事或者经理担任。

(3)《公司法》第16条授权，公司向其他企业投资或者为他人提供担保，按照公司章程的规定，由董事会或者股东会、股东大会决议，并且公司章程可以对投资或担保的总额和数额作出限制。

(4)《公司法》第37条第(11)项授权，公司章程可以规定有限责任公司股东会享有公司法规定以外的职权。

(5)《公司法》第41条授权，公司章程可以另行约定股东会会议的通知时间。

(6)《公司法》第42条授权，公司章程可以规定有限责任公司股东表决权的行使方式。

(7)《公司法》第43条授权，公司章程可以在法定范围之外，规定股东会的议事方式和表决程序。

(8)《公司法》第44条授权，公司章程可以规定有限责任公司董事长、副董事长的产生办法。

(9)《公司法》第46条授权，公司章程可以规定董事会法定职权以外的职权。

(10)《公司法》第48条授权，公司章程可以在法定范围之外，规定董事会的议事方式和表决程序。

(11)《公司法》第53条和第55条授权，公司章程可以在法定范围之外，规定监事会的职权、议事方式和表决程序。

(12)《公司法》第71条授权，公司章程可以另行规定有限责任公司的股权转让问题。

(13)《公司法》第74条授权，公司章程可以规定公司的营业期限和公司的解散事由。

(14)《公司法》第75条授权，公司章程可以另行规定股东资格的继承问题。

(15)《公司法》第83条授权，公司章程可以规定股份有限公司发起人认购股权的相关事宜。

（16）《公司法》第141条授权，公司章程可以对公司的董事、监事、高级管理人员所持有的本公司的股份作出法定以外的其他限制性规定。

（17）《公司法》第147条授权，公司章程可以对公司董事、监事、高级管理人员的忠实义务和勤勉义务作出规定。

（18）《公司法》第165条授权，公司章程可以规定财务报告的提交期限。

（19）《公司法》第166条授权，股份有限公司章程可以另行约定股东的利润分配比例。

（20）《公司法》第216条授权，公司章程可以规定高级管理人员的范围。

上述是《公司法》修改后作出的对公司章程授权的相关规定的情况，涉及有限责任公司和股份有限公司的方方面面。公司章程依据《公司法》授权后所制定的相应规定，对相关主体会产生相应的法律效果。

第五节
如何制定公司章程

设立公司，章程不是可有可无的，也不是随便拿来就可以套用的，尽管章程在结构上有许多共同之处，但每个公司的情况不同，制定出来的章程内容也有所不同。当您准备设立公司时，该如何制定公司章程呢？

一、先区分公司形态，明确您所开办的公司是有限责任公司还是股份有限公司

这两者在公司章程制定上还是有较大区别的。有限责任公司章程的主要内容记载在《公司法》第25条中；股份有限公司章程的主要内容记载在《公司法》第81条中。您可根据公司的性质来选择章程的内容。

二、章程内容要符合法定要求，主要内容应全面具备

我国《公司法》第25条对有限责任公司章程的框架结构作出了明确

规定,这些规定都是起草章程时不可缺少的,每一项内容都应当根据实际制定出来。

三、对一些特别事项要在章程中明确规定

例如,公司成立后,向其他公司投资或者提供担保时,是由董事会决定还是由股东会作出决定,都应该在公司章程中加以明确规定,以免日后说不清楚而导致纠纷。如果不设董事会,执行董事的职权范围应在章程中有明确规定。章程上对执行董事职权的记载,是以法律形式对执行董事的授权,执行董事也不可眉毛胡子一把抓,该由执行董事办的一定要在章程中明确规定,不可无权,也不可越权,一切都按规矩办事,公司才能正常运营起来。

四、有些内容可以在章程中另行规定

即《公司法》对有关问题作出了统一规定,但又允许公司章程对此作出不同的规定。举例如下:一是根据《公司法》第 34 条的规定,有限责任公司股东按照实缴的出资比例分取红利和优先认缴新增资本,但是如果公司章程规定不按照出资比例分取红利或优先认缴出资的,可从其规定;股份有限公司按照股东持有的股份比例分配利润,但公司章程规定不按持股比例分配的也可以从其规定。二是根据《公司法》第 41 条的规定,有限责任公司召开股东会会议,应当于会议召开 15 日前通知全体股东,但是公司章程另有规定的可以按章程规定办理。三是根据《公司法》第 42 条的规定,有限责任公司股东会会议由股东按照出资比例行使表决权,但是公司章程也可对此另作规定。四是《公司法》第 71 条的规定,有限责任公司的股东之间可以相互转让其股权,也可以依法向股东以外的人转让股权,但公司章程对股权转让另有规定的,从其规定;有限责任公司自然人股东死亡后,其合法继承人可以继承股东资格,但公司章程另有规定的除外。五是股份有限公司章程可以对公司董事、监事、高级管理人员转让其所持有的本公司股份作出除《公司法》规定外的其他限制性规定,等等。

五、不可照搬照抄

公司章程的制定,是公司成立中很关键的一个环节。制定章程不可有快捷的想法,更不可把别人的章程拿来照搬照抄。每个公司的经营范

围、股权结构、管理方式等情况均有不同,特别是关于对外投资、担保,以及是按股权表决,还是按人数表决,每个公司都有自己的安排,照抄照搬很容易导致章程与自己的公司对不上号,给实际执行造成困难。由于章程的法定性,登记后章程又不可轻易更改。因此,许多内容还是在登记前明确下来为好。

六、由专业人员起草

章程内容比较繁多,特别是股份有限公司的章程更显复杂。因此,章程不是任何一个人都可以起草的。在此建议,无论是成立有限责任公司还是成立股份有限公司,都应委托专业人士根据实际情况起草,起草好了公司章程,公司运营才能更加稳妥。哪些人属于起草公司章程的专业人士呢?从目前实际情况看,不准备上市的股份有限公司,以及其他有限责任公司章程由常做公司业务的律师起草为好。常做公司业务的律师对章程结构、内容比较熟悉,起草起来不至于丢三落四,更不至于与法律相冲突,使章程相对更能符合登记注册的要求,更重要的是使章程符合本公司的实际,便于公司经营操作。如果公司将来准备上市,那么,公司章程最好委托专门做公司上市业务的律师起草(参见附录文书样式1:有限责任公司章程参考范本;附录文书样式2:股份有限公司章程参考范本)。

第四章

如何申办公司

——以有限责任公司为例

引言：成功申办一家有限责任公司，要做许多准备工作，即便公司登记结束了，也还要做许多后续工作。

成功申办一家有限责任公司，其基本流程是：登记前的准备、办理公司注册登记、登记的后续事项处理。

接下来，我们就去逐步了解吧。

第四章
如何申办公司——以有限责任公司为例
* * * * *

第一节 登记前的准备

一、公司模式选择

按我国现行有效的公司模式来说,主要有有限责任公司和股份有限公司。有限责任公司又包括多人设立的有限责任公司和一人设立的有限责任公司以及国有独资有限责任公司。此外,有限责任公司和股份有限公司又可以设立子公司和分公司。您到底选择什么样的公司模式来创业,主要根据自己的实际情况而定。无论您选择哪种公司模式,都应该在办理公司登记前决定下来。确定公司模式很重要,直接关系到公司按哪种方式运行,也关系到您创业成功与否,希望您选择一种适合自己发展的模式。

二、股权结构安排

股权结构大体上有两种:一种是一股独大,也就是在有限责任公司或者在股份有限公司中,某一股东占绝对优势的股权。例如,某一股东股权比例达到51%,而其余的股东加在一起才达到49%,那么,占51%的股东对公司享有绝对的控制权,就属于一股独大的结构。一股独大,在有限责任公司中,也并不一定非得需要很多的资金,有的时候,一两万元就可以做到。如果您开办的有限公司注册资本只有3万元,您的个人投资超过1.5万元,就可以达到51%的比例,即属于公司的大股东,在按出资额决定公司事项时,占有51%的股东在公司就位于核心的地位。当然,占51%的股权有时需要很多的资金,这主要看公司注册资本的多少,注册资本越多,占51%的股权要求的出资也就越多。例如,公司注册资本为100万元,出资51万元,才可以成为绝对大股东。因此,成为大股东,主要看您的资金实力如何。另一种是股权均衡结构,股权均衡就是入股的股东投资相差不多,股东在公司的地位也相差不多。例如,一个有限责任公司注册资本为3万元,三个股东各投资1万元,三个股东谁对公司也没有控制权,就单个股东来说,谁说了也不算,而是两个股东的合意,才能左右公司。这种股权结构在实践中并不多见。多数股权结构都由大股东主持公司运营。在创办公司时,两种股权结构您可以任选,一股独大的优势是大股东说了算,如果您想做大股东,就在安排股权结构时,设计好大股东应该投资多少钱,其他的股东应该投资多少钱。如果您不想做大股东,只想做个小股东,跟着别人去创业,您可以少出点资,让别人出资多一些,这样既可以参加创业,又可以通过创办公司,使自己获得发展的机会。

三、资金准备

主要指公司运营的注册资本。(详见本书第二章相关内容)

四、办理企业名称预先核准

如果您正准备建立一个自己的公司,那您事前需要为它准备一个名称。每个人都有自己的名字,公司也不例外,无论是有限责任公司,还是股份有限公司,在申请设立登记前,都必须先申请名称预先核准。为公司准备名称,正如为您即将出生的孩子起名字一样,不同的是,办理公司的名称核准登记,比给自己的孩子办理户籍备案繁琐得多。公司名称预先核准程序在设立公司的整个过程中起着承上启下的作用,只有办理了名称预先核准,才能进行下一步的申请设立、出资等程序。因为许多人对法律、行政法规关于企业名称的规定不够了解,在确定企业名称时不够规范,往往出现违反法律、行政法规的现象。所以,法律法规规定公司名称预先核准是办理公司注册登记的起步阶段。下面就来介绍一下如何办理公司名称预先核准。

(一)选择公司名称

要办理公司名称预先核准,必须先确定公司的名称。我们自然人的名字由姓和名构成,而公司的名称一般由四部分依次组成:

企业名称 = 行政区划 + 字号 + 行业表述 + 组织形式

这种组成形式是企业名称的最常用形式。例如：北京(北京市)+全顺来+商贸+有限公司，北京(北京市)为行政区划；全顺来为字号，为减少重名，建议您使用三个以上的汉字作为字号；商贸是行业特点，应与您申请经营范围中的主营行业相对应；有限公司是公司的组织形式。设立有限责任公司，必须在公司名称中标明"有限责任公司"或者"股份有限公司"字样。例如，吉林天洪药业有限责任公司、内蒙古大旺电力股份有限公司。下面我们来具体介绍一下企业名称的构成要素。

1. 行政区划

企业名称中所冠行政区划名称，是指企业所在地的县以上行政区划的名称，不包括乡、镇和其他地域名称。住所在河北的企业，名称不能冠以"北京"。市辖区的名称不能单独用作企业名称中的行政区划，只能与市行政区划名称连用。因为市辖区的名称在全国不是唯一的，如"朝阳区"在几个城市都有，如将其单独作为行政区划名称冠用，很容易引起重名误认。

另外，各地建立的经济技术开发区、保税区、新技术开发区、工业园区，这些名称也不得单独作为行政区划名称使用。但是，在企业名称冠以了县以上行政区划名称的前提下，可以在行政区划名称后缀以经有关部门批准的"经济技术开发区"等名称。

2. 字号

"不到长城非好汉，不吃烤鸭真遗憾"，"全聚德名镇四方"，"东来顺的涮羊肉，真叫嫩"，"同仁堂的药，货真价实"，"砂锅居的买卖，过午不候"，等等，这些京城民间歇后语充分地表现着字号的重要性。

所谓字号是由两个以上的字组成。它是构成企业名称的核心要素，其他三要素属于共有要素，唯有字号例外。在同一登记主管机关辖区内，其他三要素可能完全相同，但是字号既不能"相同"也不能"相似"。一个好的企业，往往具有一个好的字号，人们提起这些字号，就会联想到该企业良好的信誉和优质的服务。既然字号对于企业来说如此重要，我们介绍一下相关法律法规对字号的要求。

（1）行政区划作字号。在我国，行政区划不得用作字号，但县以上行政区划的地名具有其他含义的除外。如"上海"不得用作字号，如果县以上行政区划的地名具有其他含义的可以用作字号，如"东方"等地名。但使用这类地名作字号，应当冠以行政区划名称，如"东方市东方印业有限公司"。

(2) 使用自然人姓名作字号。《企业名称登记管理实施办法》第 15 条规定,企业名称可以使用自然人投资人的姓名作字号。但是自然人的姓名中,经常出现同名同姓的现象。因此使用自然人姓名作字号时,应注意以下几个问题:① 如果所用自然人的姓名与党和国家领导人或老一辈革命家的姓名相同的,应另起字号。② 如果所用自然人的姓名与古今中外知名人士姓名相同的,应考虑是否可能对公众造成欺骗或者误解,如有可能,应另起字号。③ 如果所用自然人的姓名,在文字上另有其他含义,作为字号在企业名称中使用违反了企业名称登记管理有关规定的,应另起字号。

(3) "中国"等字样不能用作字号。"中国""全国""国家"等字样不能作为字号在企业名称中使用,冠以这些字样的企业名称应另有字号,如中环国际旅行社。

法规链接

《企业名称登记管理实施办法》

第五条 工商行政管理机关对企业名称实行分级登记管理。国家工商行政管理总局主管全国企业名称登记管理工作,并负责核准下列企业名称:

(一) 冠以"中国"、"中华"、"全国"、"国家"、"国际"等字样的;

(二) 在名称中间使用"中国"、"中华"、"全国"、"国家"等字样的;

(三) 不含行政区划的。

地方工商行政管理局负责核准前款规定以外的下列企业名称:

(一) 冠以同级行政区划的;

(二) 符合本办法第十二条的含有同级行政区划的。

国家工商行政管理总局授予外商投资企业核准登记权的工商行政管理局按本办法核准外商投资企业名称。

第十五条 企业名称可以使用自然人投资人的姓名作字号。

3. 行业表述

企业应当根据其主营业务,依照国际行业分类标准划分的类别,在企业名称中标明所属行业或经营特点字词,该字词应当具体反映企业生产、经营、服务的范围、方式或特点。企业名称是社会公众了解该企业的第一途径,看到一个企业名称中的行业表述应当就能得知该企业所从事的主要业务,即人们所说的"卖什么就吆喝什么"。法律、法规对行业表述的要求如下:

(1) 企业名称中不使用国民经济行业类别用语表述企业所从事的行业的,应当符合以下条件:① 企业经济活动性质分别属于国民经济行业5个以上大类;② 企业注册资本(或注册资金)1亿元以上或者是企业集团的母公司;③ 与同一工商行政管理机关核准或者登记注册的企业名称中字号不相同。

(2) 企业名称中的行业表述应当是反映企业经济活动性质所属国民经济行业或者企业经营特点的用语。企业名称中行业用语表述的内容应当与企业经营范围一致。申请跨行业从事经营活动的,经营范围中的第一项应当作为主营行业。

(3) 企业为反映其经营特点,可以在名称中的字号之后使用国家(地区)名称或者县级以上行政区划的地名。上述地名不视为企业名称中的行政区划。

(4) 企业名称不应当明示或者暗示有超越其经营范围的业务。例如:主营销售百货,那么名称应以"商贸"或"经贸"为行业特点;主营科技开发业务,那么名称应以"科技"为行业特点。

4. 组织形式

企业应当根据其组织结构或者责任形式,在企业名称中标明组织形式。

我国目前企业使用的组织形式较多,根据其所适用的登记法规的不同,可以将它们分为两大类:

(1) 公司类。依据《公司法》第8条的规定,依照该法设立的公司名称中必须标明"有限责任公司"或"股份有限公司"的字样,其中"有限责任公司"可简称为"有限公司","股份有限公司"可简称为"股份公司"。依据《中华人民共和国中外合资经营企业法》《中华人民共和国中外合作经营企业法》《中华人民共和国外资企业法》申请登记的公司名称,其组织形式为有限责任公司或者股份有限公司。

(2) 一般企业类。依据其他法律、法规申请登记的企业名称,组织形式不得申请为"有限责任公司"或"股份有限公司",非公司制企业可以申请用"厂""店""部""中心""所"等作为企业名称的组织形式,例如,"北京×××食品厂""北京×××技术开发中心""大连×××化工研究所"。

> **律师提示**
>
> 　　一旦您确定了公司的名字,您就别再犹豫了,赶紧敲定吧。不过千万别忘了去看看别人已经注册过的公司名字,不要侵害了他人的权利,因为很多时候您会发现自己想好的名字已经被别人捷足先登地注册过了。所以一旦确定了名字,就要尽快去注册,也别让别人侵害了您的权利。

(二) 去哪里办理企业名称预先核准

在我国,公司名称的登记主管机关是国家工商行政管理总局和地方各级工商行政管理局。各级登记主管机关对企业名称实行分级登记管理。

1. 国家工商行政管理总局受理企业名称预先核准的范围

国家工商行政管理总局主管全国企业名称登记管理工作,并负责核准下列企业名称:

(1) 冠以"中国""中华""全国""国家""国际"字样的,例如中国建筑工程总公司、中国海洋运输总公司等,办理这类企业预先核名时,应到国家工商行政管理总局办理。

(2) 在名称中间使用"中国""中华""全国""国家""国际"等字样的,也应到国家工商行政管理总局办理企业名称预先核准;

(3) 企业名称不含行政区划的,应到国家工商行政管理总局办理。

2. 地方工商行政管理局的管辖范围

地方各级工商行政管理局负责核准前款规定以外的下列企业名称:

(1) 冠以同级行政区划的;

(2) 符合如下条件的含有同级行政区划的:① 使用控股企业名称中的字号;② 该控股企业的名称不含行政区划。

3. 北京市工商局负责核准的企业名称

(1) 国家工商总局授权登记的中央企业、外商投资企业及其他企业;

(2) 市级国有资产监督管理机构履行出资人职责的公司以及该公司

投资设立的控股50%以上的公司;

（3）股份有限公司(上市)及募集设立的股份有限公司;

（4）企业集团;

（5）市商务委员会批准设立的外商投资企业;外国投资者举办的投资性公司;

（6）外商投资合伙企业及其分支机构;

（7）外国(地区)企业常驻代表机构;

（8）外国(地区)企业在中国境内从事生产经营活动登记;

（9）期货经纪机构、投资基金(不含基金管理公司)、母婴护理企业、煤矿、交易类企业(含交易类企业分支机构)、登记注册代理机构。

（10）注册地址位于西客站地区、天安门地区的企业;

（11）依照法律、行政法规、国务院决定及其他有关规定,应当由市局登记的企业。

另外,北京市各区县工商分局负责本辖区内国家工商行政管理总局及市局登记的企业以外的其他内资企业、内资企业分支机构及个体工商户、国家工商行政管理总局及北京市工商局授权的公司名称登记,并根据北京市工商行政管理局复核意见进行核准。

（三）企业名称预先核准的申请方式

"千里之行,始于足下",办理企业名称预先核准的第一步就是向工商行政管理机关提出申请,您可以通过以下几种方式提出申请:

（1）直接到工商行政管理机关办理企业名称预先核准;

（2）通过邮寄、传真、电子数据交换等方式申请企业名称预先核准;

（3）登录工商行政管理机关官网,以网上提交申请的方式办理名称预先核准,可以不受时间、空间的限制。

（四）企业名称预先核准登记程序

办理企业名称预先核准登记,一般要经过以下步骤:

第一步:领取并填写《名称预先核准申请书》《投资人授权委托意见》,同时准备相关材料;

第二步:向工商局递交《名称预先核准申请书》《投资人授权委托意见》及相关材料,等待名称核准结果;

第三步：接到通知或者按照约定的时间，到工商局领取《企业名称预先核准通知书》。

律师提示

为了您能顺利进行预先核准登记，在此还提醒您注意：

（1）申请人应当向具有登记管辖权的名称登记机关申请名称预先核准登记。名称预先核准登记后，申请人不得跨地域或跨级别向其他登记机关申请企业名称预先核准。

（2）法律、行政法规或者国务院决定设立公司必须报经批准，或者经营范围中有属于法律、行政法规、国务院决定在登记前须经批准的项目的，申请人应当在取得名称预先核准后凭核准的名称报送批准。在登记注册时应提交相应的批准文件。

（3）名称预先核准时，工商行政管理机关不审查投资人资格和企业设立条件，投资人资格和企业设立条件在企业登记时审查。

（五）申请名称预先核准登记应提交的文件、证件

企业名称预先核准登记应提交下列文件、证件：

（1）《企业名称预先核准申请书》；

（2）《投资人授权委托意见》。

有以下情况之一的，还应当提交相关文件、证件：

（1）使用个人姓名（应当是投资人）作字号的，应当提交该身份证复印件及该人同意使用其姓名的授权（许可）文件。

（2）在同一行业内申请使用相同字号的，应当由字号所有权人出具授权（许可）文件以及加盖其印章的执照复印件。授权（许可）的名称不得对公众造成欺骗或引起误解。

（3）使用商标中的文字作为字号的，应当提交商标所有权人出具的授权（许可）文件、商标注册证书（不能提交原件的，可以提交加盖商标注册权人印章的复印件）以及商标所有权人的资格证明（商标所有权人为经济组织的，需在资格证明上加盖经济组织公章；商标所有权人为自然人的，提交该自然人身份证复印件）。

(4) 申请在名称中冠以企业集团名称或者简称的,应当提交《企业集团登记证》。

(5) 分支机构办理名称预先核准时,应当提交其所从属企业的执照复印件并加盖印章。

(六)《名称预先核准申请书》的填写方法及提示

1.《名称预先核准申请书》的填写方法

如前所述,企业名称由"行政区划+字号+行业特点+组织形式"四部分组成,您填写时,应与申请经营范围中的主营行业相对应。分支机构的名称应冠以主办单位的全称。如:北京市康达来商贸有限公司方庄分店,长春市宇洪房地产开发有限公司九台分公司。

> **律师提示**
>
> 此处还需注意以下几点:
>
> (1) 建议至少取3个以上的备用字号,以便登记机关按您所填写的顺序依次审查,以首先不重名的名称为核准使用的名称。
>
> (2) 使用外文译音作字号的、字号有其他含义的或者使用新兴行业表述用语的,应当在"备注说明"栏目中作出解释说明。

2.《投资人授权委托意见》的填写方法

《投资人授权委托意见》应当明确被授权委托的代表或代理人的姓名、授权权限及授权期限,并由全体投资人签名盖章,投资人为自然人的由自然人签名,投资人为单位的加盖公章。

《投资人授权委托意见》应粘贴代表人或代理人身份证明复印件。身份证明包括:居民身份证、护照、长期居留证、港澳台永久性居民身份证、军官退休证等表明申请人身份的证明文件。

(七) 预先核准名称的有效期及名称延期、名称注销

1. 预先核准名称的有效期

预先核准的名称有效期为6个月,有效期届满,预先核准的名称失效。预先核准的名称在有效期内,不得用于从事经营活动,也不得进行转让。

2. 预先核准名称的延期

预先核准的名称有效期届满前 30 日内，申请人可以持《企业名称预先核准通知书》或《企业名称变更预先核准通知书》向名称登记机关提出名称延期申请。

申请名称延期应由全体投资人签署《预先核准名称有效期延期申请表》，有效期延长 6 个月，期满后不再延长。

3. 预先核准名称的注销

（1）申请人可以在名称有效期内向名称登记机关申请注销原预先核准名称。申请注销名称时，应当提交由全体投资人签署的《预先核准名称注销申请表》，并同时缴回《企业名称预先核准通知书》或《企业名称变更核准通知书》及其附件《预核准名称投资人名录表》。

（2）名称预先核准后，登记管辖机关因申请人改变拟设企业登记事项而发生变化的，申请人应当向原名称登记机关申请注销预先核准的名称，名称注销程序依照前款规定。

名称注销后，申请人应向变更后有登记管辖权的登记机关重新申请名称预先核准。

（八）补发名称核准通知书

《企业名称预先核准通知书》或《企业名称变更核准通知书》丢失的，应向名称登记机关申请补发。申请时应当提交由全体投资人签署的《名称预先核准通知书补发申请表》。

（九）变更投资人时应重新办理名称预先核准

申请设立公司登记的投资人与名称预先核准登记的投资人有变化的，按以下规定办理：

（1）投资人部分变化的，应当提交由全体投资人（包括变更前和变更后的投资人）签署的《已核准名称企业信息调整申请表》，同时缴回《企业名称预先核准通知书》或《企业名称变更核准通知书》及其附件《预核准名称投资人名录表》。全体投资人发生变更的应当重新申请名称预先核准。

（2）投资人不具备投资资格的，应当退出或更换投资人。

（3）使用投资人姓名作为企业名称字号的，该投资人退出投资的，应当重新申请名称预先核准登记。

(十）已核准名称企业信息调整

企业名称预先核准登记后,预核名称的主营业务、投资人或字号许可方式等信息发生变化的,申请人可向名称登记机关申请企业信息调整。

申请已核准名称企业信息调整的,申请人应当向名称登记机关提交由全体投资人签署的《已核准名称企业信息调整申请表》。因投资人部分改变申请调整信息的,申请人还应同时缴回《预核准名称投资人名录表》;字号许可方式改变的还应重新提交授权(许可)文件。

> **律师提示**
>
> 全体投资人发生变化的,或因前述信息调整导致企业名称构成发生变化或导致与同行业内企业名称相同或者近似的,登记机关不予调整企业信息,申请人应当重新申请名称预先核准。

（十一）遵守企业名称的一般性规定

企业名称的一般性规定,是您在给公司起名时应遵循的原则,如果违背了这些规定,企业名称将不被核准。一般规定是:

(1) 企业名称不得含有下列内容和文字:① 有损于国家、社会公共利益的;② 可能对公众造成欺骗或者误解的;③ 外国国家(地区)名称、国际组织名称;④ 政党名称、党政军机关名称、群众组织名称、社会团体名称及部队番号;⑤ 其他法律、行政法规规定禁止的。

(2) 企业名称应当使用符合国家规范的汉字,不得使用汉语拼音字母、阿拉伯数字。

(3) 在名称中间使用"国际"字样的,"国际"不能作字号或经营特点,只能作为经营特点的修饰语,并应符合行业用语的习惯,如国际贸易、国际货运代理等。

五、办理股东资格证明

去工商行政管理机关办理公司注册登记时,您还需要准备好股东资格证明。办理股东资格证明时,股东为企业的,出具加盖本企业公章的《营业执照》复印件;股东为事业单位的,出具加盖本单位公章的《事业单位法人证书》复印件;股东为社会团体的,出具加盖本单位公章的《社会团体法人登记证书》复印件及民政社团管理部门确认的《非党政机关所办社会团体证明》;股东为自然人的,出具该人的身份证或其他合法身份证明的复印件;股东为工会的,应提交区、县级以上工会同意投资的批准文件。

六、准备公司章程

章程应该是申请设立公司必备的条件之一,无论有限责任公司还是股份有限公司,在申请设立前都要把章程准备好,指定专人起草公司章程。如果您自己或者其他股东不方便起草公司章程,那么可以委托精通公司法律业务的律师起草。章程起草后,还要注意有些章程是需要事先审批的,如果必须办理章程审批,您还应先到审批机关办理审批手续。在通常情况下,章程并不需要审批,股东自己制定就可以。向公司登记机关报送章程时,应提交原件,用 A4 规格纸张打印,股东在章程上签名或者加盖公章。(详见本书第三章的相关内容)

七、起草和签订股东协议书

设立有限责任公司应起草和签订股东协议书。协议书规定设立公司的目的、股东名单、公司组织机构、办公地址、注册资本、公司管理和运营等,许多内容同公司章程是一致的。股东协议书还要规定因设立公司出现违约而给其他股东或者公司造成损失时,应承担的违约责任和赔偿责任。

八、开具办理工商登记的代表或者代理人的证明

去办理公司登记时,股东可以自己亲自去办理,也可以派代表去办理,还可委托其他人办理,但应向公司登记机关出具证明。因此,去办理登记前,应把证明开好,由股东签名或者加盖股东公章。

九、开具法定代表人任职证明

按照《公司法》的规定,有限责任公司的法定代表人可以由董事长担任,也可以由执行董事或者总经理担任。到底谁来担任公司的法定代表

人,应在办理公司登记前确定下来。去登记时,向工商行政管理机关出具法定代表人任职证明,这是登记的必备条件之一。

十、办理前置行政审批手续

成立一家公司,按公司经营范围的不同,有的需要在公司注册前,办理相关的行政审批手续。在我国,行政审批具有非常重要的地位,行政机关代表国家管理某一种行业,没有行政许可同意,有些行业是进入不了的。因此,办理行政审批,是公司登记的法定要件之一,没有行政审批手续,登记机关也不予登记。

需要办理前置审批的行业主要包括印刷、交通运输、影视广告、化妆品、食品的生产和销售、医疗器械、劳动就业服务等。

办理前置行政审批,不同行业有不同的要求,应分别到该行业相关主管机构就前置行政审批进行咨询,按审批要求准备相关材料。如果材料不齐备,就不会获得批文,从而导致公司登记注册的失败。各地的企业登记机关对需要前置行政审批的项目规定可能略有不同,需具体咨询当地登记机关。

十一、办理公司住所证明

公司登记必须有住所证明,没有住所证明也不予登记。

公司住所是指公司的主要办事机构所在地。公司住所只能登记一个,而且该住所必须是在登记机关管理区域内,公司住所应标明所在省、市、县及街道门牌号码。

公司住所的房产为自有的,登记时须提供房屋产权证明复印件并出示原件。如果房产为本公司股东或本公司其他成员自有的,须提交房屋产权证明复印件(出示原件)和无偿提供用房的声明。如果房产为本公司租赁的,应提交经房屋租赁主管机关确认的房屋租赁合同原件。在房屋产权人尚未办理房屋产权证的情况下,可提交房屋销售合同复印件(出示原件),若房屋是预售的,可提交房屋销售(预售)合同复印件(出示原件)。如果是将住宅变为经营性用房,应当经有利害关系的业主的同意。

十二、准备必要的生产条件

如果您开办的公司生产某种产品,去办理登记前,还应把必要的生产条件准备好。必要的生产条件包括厂房、机器、设备、原材料等。如果不具备生产条件,公司登记机关可以不予登记。

第二节
办理公司注册登记

公司注册登记前,准备工作做好后,您可以去登记机关办理登记了。办理公司登记,是公司成立的法定程序,大体要做以下工作:

一、登记程序

设立有限责任公司,一般要经过以下步骤:

第一步:领取《名称预先核准申请书》,然后把申请书填好,并按要求准备好相关材料。

第二步:向登记机关递交《名称预先核准申请书》及相关材料,等待登记机关对拟设立的公司名称进行核准。一般来说,等待核准不是立等可取,而是要给登记机关核名一个必要的合理的时间,快的两三天、慢的时间要更长一些。如果公司名称与别的公司不重名,不违法,一般来说名称会获得准许。

第三步:领取《企业名称预先核准通知书》,同时领取《企业设立登记申请书》等相关表格。

第四步:递交申请材料,有限责任公司设立登记应提交的文件、证件有:

(1)《企业设立登记申请书》[内含《企业设立登记申请表》《单位投资者(单位股东、发起人)名录》《自然人股东(发起人)、个人独资企业投资人、合伙企业合伙人名录》《投资者注册资本(注册资金、出资额)缴付情况》《法定代表人登记表》《董事会成员、经理、监事任职证明》《企业住所证明》等表格];

(2)公司章程提交打印件一份,请全体股东亲笔签字;有法人股东的,要加盖该法人单位公章;

(3)《企业名称预先核准通知书》和《预核准名称投资人名录表》;
(4)股东资格证明;
(5)《指定(委托)书》;
(6)《企业秘书(联系人)登记表》;
(7)经营范围涉及前置许可项目的,应提交有关行政审批部门的批准文件。

除上述必备文件外,还应提交打印的与公司章程载明的股东姓名(名称)、出资时间、出资方式、出资额一致的股东名录和董事、经理、监事成员名录各一份。

上述材料齐全后,符合登记要求的,等候领取《准予设立登记通知书》。一般来说,工商登记机关会通知您几日后来领取。

第五步:领取《准予设立登记通知书》后,按照《准予设立登记通知书》确定的日期到工商局交费并领取营业执照。

第六步:领取《企业法人营业执照》。公司《企业法人营业执照》主要载明:公司的名称、住所、注册资本、经营范围、法定代表人姓名和营业执照期限等。公司企业法人营业执照签发日期为公司成立日期。从此,公司法律人格成立,依法享有民事权利,承担民事义务,公司受国家法律的保护。

二、登记事项

设立公司去办理公司登记时,主要登记下列事项:名称、住所、法定代表人姓名、注册资本、公司类型、经营范围、营业期限、有限责任公司股东或者股份有限公司发起人姓名或者单位名称,以及认缴出资额。

三、登记机关

我国的公司登记机关是各级工商行政管理局,由于工商局级别不同,在登记管辖上也有较细致的分工。因此,办理不同的公司登记,应到有管辖权的工商局去办理登记。

1. 国家工商行政管理总局办理的登记

(1)国务院国有资产监督管理机构履行出资人职责的公司以该公司投资设立并持有50%以上股份的公司;
(2)外商投资的公司;
(3)依照法律、行政法规或者国务院决定的规定,应当由国家工商行政管理总局登记的公司。

2. 各省、自治区、直辖市工商局办理的登记

（1）省、自治区、直辖市人民政府国有资产监督管理机构履行出资人职责的公司以及该公司投资设立并持有50%以上股份的公司；

（2）省、自治区、直辖市工商行政管理局规定由其登记的自然人投资设立的公司；

（3）依照法律、行政法规或者国务院决定的规定，应当由省、自治区、直辖市工商行政管理局登记的公司；

（4）国家工商行政管理总局授权登记的其他公司。

设区的市（地区）工商行政管理局、县工商行政管理局，以及直辖市的工商行政管理分局、设区的市工商行政管理局分局，负责本辖区公司登记，但国家工商行政管理总局和各省、自治区、直辖市工商行政管理局负责办理的除外。

四、登记有限责任公司应提交的文件、证件

（1）公司法定代表人签署的设立登记申请书；

（2）全体股东指定代表或者共同委托代理人的证明；

（3）全体股东签署的公司章程；

（4）股东首次出资是非货币财产（实物或土地使用权）的，应当提交已办理财产权转移手续的证明文件；

（5）载明公司董事、监事、经理的姓名、住所的文件以及有关委派、选举或者聘用的证明；

（6）公司法定代表人任职文件和身份证明；

（7）企业名称预先核准通知书；

（8）公司住所证明；

（9）法律、行政法规和国务院决定规定设立有限责任公司必须报经批准的，提交有关的批准文件或者许可证件的复印件。

（10）公司申请登记的经营范围中有法律、行政法规和国务院决定规定必须在登记前报经批准的项目，提交有关批准文件或者许可证件的复印件。

（11）《承诺书》。

> **律师提示**

如果您办理的是股份有限公司登记，您应提交以下文件、证件：

（1）公司法定代表人签署的设立登记申请书；

（2）董事会指定代表或者共同委托代理人的证明；

（3）由会议主持人和出席会议的董事签署的股东大会会议记录（募集设立的提交创立大会的会议记录）。

（4）全体发起人签署或者出席股东大会或创立大会的董事签字的公司章程；

（5）发起人的主体资格证明或者自然人身份证明；

（6）募集设立的股份有限公司提交依法设立的验资机构出具的验资证明。涉及发起人首次出资是非货币财产的，提交已办理财产权转移手续的证明文件；

（7）载明公司董事、监事、经理姓名、住所的文件以及有关委派、选举或者聘用的证明；

（8）公司法定代表人任职文件和身份证明；

（9）企业名称预先核准通知书；

（10）公司住所证明；

（11）募集设立的股份有限公司公开发行股票的，应提交国务院证券监督管理机构的核准文件；

（12）法律、行政法规和国务院决定规定设立股份有限公司必须报经批准的，提交有关的批准文件或者许可证件的复印件；

（13）公司申请登记的经营范围中有法律、行政法规和国务院决定规定必须在登记前报经批准的项目，提交有关批准文件或者许可证件的复印件；

（14）《承诺书》；

（15）国家工商行政管理总局规定要求提交的其他文件。

五、登记分公司应提交的文件、证件

如果您登记的是分公司，那么应提交的文件和证件有：

（1）《企业设立登记申请书》（内含《企业设立登记申请表》《负责人

登记表》《企业经营场所证明》等表格）；

(2)《指定(委托)书》；

(3) 公司章程；

(4) 加盖公章的公司营业执照复印件；

(5)《企业名称预先核准通知书》及《预核准名称投资人名录表》；

(6)《企业秘书(联系人)登记表》；

(7) 经营范围涉及前置许可项目的，应提交有关审批部门的批准文件。

第三节
公司登记的后续事项

公司依法登记后，是公司取得法人资格的开始，没有税务登记和银行账户，您的公司还不能正常运营。为了使公司尽快运营起来，您还需要做以下工作。

一、办理涉税事宜

"三证合一"登记制度改革下，新设立企业、农民专业合作社领取由工商行政管理部门核发加载法人和其他组织统一社会信用代码的营业执照后，无需再次进行税务登记，不再领取税务登记证。企业办理涉税事宜时，在完成补充信息采集后，凭加载统一代码的营业执照可代替税务登记证使用。

二、开办银行账户

公司注册登记后，应到相关银行开设公司账户。至于到哪家银行办理账户，主要根据公司住所或者营业的方便来选择，一般都选择离自己较近的银行或者服务快捷周到的银行。有了银行账户，公司才可以有资金的转入和转出，才能正常地开展业务和结算。

三、刻制公章

凭营业执照、组织机构代码证、税务登记证正本原件（三证合一后只需携带营业执照），以及法定代表人身份证，并携带公章、财务章、法定代表人的人名章到银行开立基本账户。公章是代表公司的主要标志。刻制公章时，应先到公安机关备案，否则刻制公章的部门是会拒绝刻制的。只有办理刻制公章备案后，公司的公章才能被刻制出来，才可以使用。

四、购领发票

发票是公司业务运营的必备财会凭证，但发票不是任意领取的。领取发票前，必须办理税务登记。否则，发票管理机关是不会提供发票的。购领发票时，您还应该出示税务登记证明，税务机关根据您公司的种类、经营类别向您提供合法的发票。

五、向股东签发出资证明

公司登记后，不可忽视的是向股东签发出资证明。在证明上载明股东姓名和出资额及出资时间。此证明可以证明股东在公司的身份和地位，同时也是办理股权转让的必备文件。股东取得出资证明后，应将证明保管好，以备日后使用。

六、办理后置审批

在我国，公司成立后，有许多行业还需要办理后置审批。只有办理后置审批，公司才能开展活动。否则，公司运营就不合法。例如，申请设立一家房地产开发公司，在领取经营执照之后，应当到当地的建设委员会申请办理房地产开发企业资质备案，领取房地产开发企业《资质证书》，并按照核定的资质等级承担相应的房地产开发业务。

各地企业登记机关对需要后置审批项目的规定可能略有不同，需具体咨询当地登记机关。

在公司设立的过程中，不要把前置审批和后置审批相混淆。需要前置行政审批而没办理，会导致工商登记注册不能成功，工商局会要求您先去办理前置行政审批，只有见到批文，才会给您办理登记。需要后置审批而没有办理的，会导致没有获取经营资质而不合法。因此，建议您在开办公司时，要仔细阅读前置审批和后置审批目录，明确自己开办的公司是否需要办理审批，如果不需要办理审批，当然一切从简了，如果需要审批，必须按审批程序办理。

> **律师提示**
>
> 成功申办一家有限责任公司，大体上历经前期准备、注册登记和登记后续事项的办理全过程，这个过程就是开办一般有限责任公司的流程。如果您能照此办理，成功申办一家公司是不成问题的。

第五章

怎样做公司股东

引言：股东是公司存在的基础，是公司的核心要素；没有股东，就不可能有公司。股东是指在公司设立时或在公司成立后合法取得公司股份并对公司享有权利和承担义务的人。

本章将告诉您股东的资格与条件、股东的权利，以及股东的义务与风险。让您把股东当得顺心，当得安全。

第五章
怎样做公司股东
* * * * *

第一节
股东的资格与条件

一、什么叫股东

股东是指在公司设立时或在公司成立后合法取得公司股份并对公司享有权利和承担义务的人。通俗地讲,股东就是持有公司股份的人。股东可以是自然人,可以是法人,也可以是非法人组织,还可以是国家。当国家作为股东时,是明确代表国家行使股东权的具体组织,例如,国有资产监督管理机构。

二、如何成为一家公司的股东

1. 原始股东

公司设立时,作为发起人参与公司的最初设立活动,并实际出资或认购股份的人,是公司的原始股东。

2. 继受股东

在公司成立后,依法取得公司已有股东的出资或股份的,依法取得的方式包括:依法受让、继承、接受赠与或法院强制执行等。与原始股东相对应,我们可以称之为"继受股东"。

3. 新股东

在公司成立后,为了扩大经营规模,解决经营资金的需求,除通过银行贷款等对外举债的方式外,还可以通过增资扩股的方式募集资金。公司增资可以向原有股东筹集,也可以向公司股东以外的投资人筹集。这时,原股东以外的投资人可以通过向公司投资而成为该公司的新股东。

三、什么样的人可以作股东

从《公司法》的角度,其对股东的资格没有作限制性的规定,无论是自然人还是法人,无论是中国人还是外国人,无论是有行为能力还是无行为能力,均可以成为公司的股东。但《公司法》同时规定,我国其他法律、法规限制或禁止成为公司股东的人除外。也就是说,我国法律、法规没有明确规定不能成为公司股东的人,均可以成为公司的股东。

四、什么样的人不能做股东

1. 绝大多数人都可以做股东

从一般意义来讲,绝大多数人都可以做股东。但按照我国法律的规定,有些人是不能作股东的。自然人不能做股东的有:

(1) 国家公务员、法官、检察官等不能做公司的股东。

(2) 自然人作为股东一般应当具备完全行为能力。无行为能力人和限制行为能力人因继承取得而成为公司股东的,其权利和义务应当由法定代理人代为行使和履行。

(3) 一个自然人股东只能设立一个一人有限责任公司,而不能设立两个或两个以上一人有限责任公司,对于一个自然人和其他人共同投资设立公司,没有数量限制。

(4) 法律、法规禁止从事营利性活动的人,不得成为公司股东。

2. 法人单位不能做股东的情形

(1) 党政机关、司法行政部门以及党政机关主办的社会团体;如××省委讲师团、××省高级人民法院法官学院。

(2) 党政机关所属具有行政管理和执法监督职能的事业单位,以及党政机关各部门所办的后勤性、保障性经济实体(企业法人)和培训中心,也不得成为股东。

(3) 会计师事务所、审计事务所、资产评估机构、律师事务所也不得成为股东。

(4) 有限责任公司可以向其他公司、集体所有制(股份合作)企业及联营企业投资,也可设立分公司,分公司不得对外投资,分公司不能成为股东。

(5) 工会经区、县级以上工会批准后可以投资设立公司。

第二节
股东的权利

一个人成为公司股东后,依照法律规定,享有公司资产收益权,参加重大决策和选择管理者的权利,这是股东的三项基本权利。资产收益权主要体现为股权分配请求权,也包括优先认股权、剩余财产分配权等;公司的重大决策包括,增加或者减少公司资本,发行公司债券,修改公司章程,对外投资担保,公司的合并与分立等。选择管理者,就是选举谁当董事长、谁当监事等。具体地说,股东的权利为:

一、出席或委托代理人出席股东(大)会行使表决权

股东对由股东(大)会决定的事项有表示同意或不同意的权利,行使表决权是股东通过股东(大)会参与公司管理的重要手段,股东可以亲自出席或委托代理人出席,行使表决权。

二、选举权和被选举权

我国《公司法》对股东的选举权和被选举权作了规定,股东有权根据公司章程的规定,选举自己信任的、符合任职资格的董事或监事。同时,股东本人符合《公司法》规定的公司董事和监事的任职资格,也有权被选举为公司的董事或监事。

三、依法转让出资或股份的权利

股东出资后就不允许再抽回出资。股东要想退出公司,只能将自己的出资或股份转让给他人,不转让是没法退出的。有限责任公司股东将出资转让给公司股东以外的人,公司其他股东享有优先受让权。股份有限公司没有此限制。这主要是因为有限责任公司除了"资合"外,更加体现"人合"的特点。

四、股东知情权

股东知情权是让股东对公司重大事项有了解的权利,这是股东参与

公司重大事项决策、行使权利的前提。

就公司的经营管理来说,股东有权查阅、复制公司章程、股东会会议记录、董事会会议决议、监事会会议决议和财务会计报告。股东可以要求查阅公司会计账簿。股东要求查阅公司会计账簿的,应当向公司提出书面请求,说明目的。公司有合理根据认为股东查阅会计账簿有不正当目的,可能损害公司合法利益的,可以拒绝提供查阅,但应当自股东提出书面请求之日起15日内书面答复股东并说明理由。公司拒绝提供查阅的,股东可以请求人民法院要求公司提供查阅。由此可以引出,公司拒绝股东查阅会计账簿的,股东有诉讼的权利。股东就此起诉时,人民法院应当立案受理,如果公司不能证明股东查阅账簿有不正当目的,可能损害公司合法利益的,人民法院不能判决股东败诉。

《最高人民法院关于适用〈中华人民共和国公司法〉若干问题的规定(四)》第8条详细列举了构成"不正当目的"的几种情形:"(一)股东自营或者为他人经营与公司主营业务有实质性竞争关系业务的,但公司章程另有规定或者全体股东另有约定的除外;(二)股东为了向他人通报有关信息查阅公司会计账簿,可能损害公司合法利益的;(三)股东在向公司提出查阅请求之日前的三年内,曾通过查阅公司会计账簿,向他人通报有关信息损害公司合法利益的;(四)股东有不正当目的的其他情形。"

五、盈余分配权和公司剩余财产分配权

盈余分配权是股东权利最核心的内容,因为股东投资公司的目的就是为了获取盈利。盈余分配比例一般按照股东出资比例或所持股份比例,但有限责任公司的股东可以不按照出资比例进行盈余分配,可以自行约定盈余分配比例,这充分体现了公司意思自治原则。但股份有限公司则不可以如此自行约定,只能按股份比例实行盈余分配。有的股东在中途退出公司时,也要求分配公司财产,这种要求并不符合法律规定。股东中途退出,只能转让股份,而不能分配财产。因盈余分配权产生纠纷的,股东应以公司为被告,且在诉讼中请求行使盈余分配权的股东必须提交载明具体分配方案的股东会或股东大会决议,否则将面临被驳回诉讼请求的风险,也就是说,股东要求分配利润既要具备实质条件(在弥补亏损、提取公积金、交税后仍有利润)又要具备程序性条件(分配利润的股东会决议)。

公司剩余财产分配权只能在公司解散时行使,对以公司的全部财产清偿全部债务后的剩余财产,股东有权按照出资比例分配。

六、对公司新增资本的优先认购权

公司新增资本或发行新股时,现有股东有权优先按照实缴的出资或持股比例认缴公司新增资本或发行的新股。而不是股东的人,则没有这种优先认购权。同时,这也是股东优先权的表现形式。在很多情况下,新增资本或者发行新股,会给股东带来很大利益。因此,保证股东优先购买,体现了法律对股东权利至上的认可。

七、提议召开临时股东(大)会和特定情形下召集并主持股东大会的权利

持有 1/10 以上表决权的股东可提议召开临时股东会。另外,董事会或者执行董事不能履行或者不履行召集股东(大)会会议职责时,监事会或者不设监事会的监事也不及时召集并主持的,有限责任公司有 1/10 以上表决权的股东可以自行召集并主持股东会会议;股份有限公司连续 90 日以上单独或者合计持有公司 1/10 以上股份的股东可以自行召集并主持股东大会。法律作出这样的规定,主要是为了减弱大股东对公司的绝对控制,加大保护中小股东的力度,使中小股东在利益受损或者在紧急情况下,能够采取有效措施。

八、请求提起诉讼和单独提起诉讼的权利

当董事、高级管理人员违反法律、行政法规或者公司章程的规定,损害股东利益时,股东可以向人民法院提起诉讼。对董事、高级管理人员具有法律禁止的特定情形的,有限责任公司的股东、股份有限公司持股达到一定比例的股东,可以书面请求监事会或者不设监事会的有限责任公司的监事向人民法院提起诉讼;监事有法律规定的情形的,前述股东可以书面请求董事会或者不设董事会的有限责任公司的执行董事向人民法院提起诉讼。如果监事会、不设监事会的有限责任公司的监事,或者董事会、执行董事收到股东书面请求后拒绝提起诉讼,或者自收到请求之日起 30 日内未提起诉讼,或者情况紧急、不立即提起诉讼将使公司利益受到难以弥补的损害的,上述股东有权为了公司的利益以自己的名义直接向人民法

院提起诉讼。对他人侵犯公司合法权益,给公司造成损失的,上述股东也可以依法向人民法院提起诉讼。诉讼中,股东直接以董事、监事、高级管理人员或者他人为被告的,要将公司列为第三人参加诉讼。法律赋予股东上述权利后,人民法院对股东的合法诉讼,应予支持。此时胜诉利益归属于公司,如诉讼请求部分或全部得到人民法院支持的,由公司承担股东因参加诉讼支付的合理费用,但股东不能要求侵权人直接对其承担民事责任。

九、强制公司解散的权利

公司经营管理发生严重困难,继续存续会使股东利益受到重大损失,通过其他途径不能解决的,持有公司全部股东表决权 1/10 以上的股东,可以请求人民法院解散公司,人民法院对这类起诉应立案受理。

十、提案权

有限责任公司的股东可以向董事会提交议案,交由股东会讨论表决。股份有限公司单独或者合计持有公司 3% 以上股份的股东,可以在股东大会召开 10 日前提出临时提案,并书面提交董事会。提案的内容应当属于股东会或股东大会的议事范围,并有明确议题和具体决议事项。有限责任公司的股东会或者股份有限公司的股东大会不得否定股东的提案权。至于股东作出何种提案,由股东自行决定。

✚ 法规链接

《中华人民共和国公司法》

第三十三条 股东有权查阅、复制公司章程、股东会会议记录、董事会会议决议、监事会会议决议和财务会计报告。

股东可以要求查阅公司会计账簿。股东要求查阅公司会计账簿的,应当向公司提出书面请求,说明目的。公司有合理根据认为股东查阅会计账簿有不正当目的,可能损害公司合法利益的,可以拒绝提供查阅,并应当自股东提出书面请求之日起十五日内书面答复股东并说明理由。公司拒绝提供查阅的,股东可以请求人民法院要求公司提供查阅。

第三十九条 股东会会议分为定期会议和临时会议。

定期会议应当依照公司章程的规定按时召开。代表十分之一以上表决权的股东，三分之一以上的董事，监事会或者不设监事会的公司的监事提议召开临时会议的，应当召开临时会议。

第一百零二条　召开股东大会会议，应当将会议召开的时间、地点和审议的事项于会议召开二十日前通知各股东；临时股东大会应当于会议召开十五日前通知各股东；发行无记名股票的，应当于会议召开三十日前公告会议召开的时间、地点和审议事项。

单独或者合计持有公司百分之三以上股份的股东，可以在股东大会召开十日前提出临时提案并书面提交董事会；董事会应当在收到提案后二日内通知其他股东，并将该临时提案提交股东大会审议。临时提案的内容应当属于股东大会职权范围，并有明确议题和具体决议事项。

股东大会不得对前两款通知中未列明的事项作出决议。

无记名股票持有人出席股东大会会议的，应当于会议召开五日前至股东大会闭会时将股票交存于公司。

第一百八十二条　公司经营管理发生严重困难，继续存续会使股东利益受到重大损失，通过其他途径不能解决的，持有公司全部股东表决权百分之十以上的股东，可以请求人民法院解散公司。

《最高人民法院关于适用〈中华人民共和国公司法〉若干问题的规定（四）》

第八条　有限责任公司有证据证明股东存在下列情形之一的，人民法院应当认定股东有公司法第三十三条第二款规定的"不正当目的"：

（一）股东自营或者为他人经营与公司主营业务有实质性竞争关系业务的，但公司章程另有规定或者全体股东另有约定的除外；

（二）股东为了向他人通报有关信息查阅公司会计账簿，可能损害公司合法利益的；

（三）股东在向公司提出查阅请求之日前的三年内，曾通过查阅公司会计账簿，向他人通报有关信息损害公司合法利益的；

（四）股东有不正当目的的其他情形。

第十三条　股东请求公司分配利润案件，应当列公司为被告。

一审法庭辩论终结前，其他股东基于同一分配方案请求分配利润并申请参加诉讼的，应当列为共同原告。

第十四条　股东提交载明具体分配方案的股东会或者股东大会的有效决议，请求公司分配利润，公司拒绝分配利润且其关于无法执行决议的抗辩理由不成立的,人民法院应当判决公司按照决议载明的具体分配方案向股东分配利润。

第十五条　股东未提交载明具体分配方案的股东会或者股东大会决议,请求公司分配利润的,人民法院应当驳回其诉讼请求,但违反法律规定滥用股东权利导致公司不分配利润,给其他股东造成损失的除外。

第二十四条　符合公司法第一百五十一条第一款规定条件的股东,依据公司法第一百五十一条第二款、第三款规定,直接对董事、监事、高级管理人员或者他人提起诉讼的,应当列公司为第三人参加诉讼。

一审法庭辩论终结前,符合公司法第一百五十一条第一款规定条件的其他股东,以相同的诉讼请求申请参加诉讼的,应当列为共同原告。

第二十五条　股东依据公司法第一百五十一条第二款、第三款规定直接提起诉讼的案件,胜诉利益归属于公司。股东请求被告直接向其承担民事责任的,人民法院不予支持。

第二十六条　股东依据公司法第一百五十一条第二款、第三款规定直接提起诉讼的案件,其诉讼请求部分或者全部得到人民法院支持的,公司应当承担股东因参加诉讼支付的合理费用。

第三节
股东的义务与风险

一、股东的义务

股东的权利和义务是相对的。权利是可以放弃的,但义务是必须履行的,义务不可以免除或者打折扣。股东义务是指股东对公司应承担的各种责任。根据《公司法》的规定,股东的义务主要有:

1. 遵守法律、行政法规和公司章程

遵守法律和行政法规,即是自然人的法定义务,同时也是股东的法定义务。遵守公司章程是股东的特定义务,只有股东才能和章程发生法律关系,不是股东的人,不必遵守公司章程。章程的特别约束对象只能是股东。所以,股东应当遵守法律、行政法规和公司章程。

2. 依法律和章程的规定按时足额缴纳出资,不得抽逃出资

凡是股东都应当按期足额向公司缴纳出资。不缴纳出资的,除应当向公司足额缴纳外,还应当承担出资上的违约责任。这种违约责任一般在设立有限责任公司或者设立股份有限公司协议中规定,规定什么违约责任,违约的股东就应承担什么责任。同时,股东还有不能抽逃出资的义务。如果股东擅自抽逃出资,将受到公司管理机关的行政处罚或者追究其他法律责任。股份有限公司的发起人、认股人也有不得抽回其股本的义务。

3. 不得滥用股东权利损害公司或者其他股东的利益

滥用股东权利损害公司利益或者损害其他股东利益的,应当承担赔偿责任。股东在此承担的赔偿责任,其实是一种过错责任。法律规定股东滥用权利承担赔偿责任,主要是为了防止股东不谨慎行使权利,导致公司利益或者其他股东利益受损。这是法律在赋予股东权利的同时,又加强了对公司利益和股东利益的保护。

4. 不得滥用公司法人的独立地位和股东的有限责任而损害公司债权人的利益

有限责任公司的突出特点是,股东以其认缴的出资额为限对公司承担责任;股份有限公司的股东以其认购的股份为限对公司承担责任。公司股东滥用公司法人的独立地位和股东的有限责任,逃避债务,严重损害公司债权人利益的,应当对公司债务承担连带责任。这就是说,股东的有限责任不是绝对的,而是相对的。

5. 法律、行政法规及公司章程规定的其他义务

二、股东的风险

公司创立后,股东并不是就可以高枕无忧了,股东由于经营不善或者所处的法律地位而要承担相应的风险:

1. 出资损失的风险

股东对公司负有出资义务,但股东的出资不一定都能收回。如果公司经营不善或者公司选择的项目不对,以及其他不可预见的因素,都有可能导致公司失败,使股东的出资付诸东流。股东投入的越多,损失的风险就越大。

2. 得不到收益的风险

股东对公司出资后，经营得好会有收入，从而得到回报。如果经营得不好，公司没有收入甚至亏损，股东就不会有收益，这也是一种风险。

3. 法律风险

(1) 根据《公司法》的有关规定，公司股东滥用股东权利给公司或者其他股东造成损失的，应当对公司或者其他股东承担赔偿责任。

(2) 公司股东滥用公司法人独立地位和股东有限责任，逃避债务，严重损害公司债权人利益的，应当对公司债务承担连带责任，即该股东与公司为连带债务人。

(3) 股东不依法缴纳出资的或者出资不实的，除应当向公司足额缴纳外，还应当向已按期足额缴纳出资的股东承担违约责任。

(4) 有限责任公司成立后，发现作为设立公司出资的非货币财产的实际价额显著低于公司章程所定价额的，应当由交付该出资的股东补足其差额；公司设立时的其他股东承担连带责任。

(5) 有限责公司成立后，股东虚假出资、抽逃出资，依法承担相应的法律责任或者刑事责任。

4. 内部风险

内部风险是指股东内部之间的信任风险，尤其是中小股东与控股股东之间的信任危机，可能会导致公司陷入僵局或使股东权益受损。在许多情况下，公司的内部风险很可能导致公司解散。

> 案例解析

案例1 公司内部的风险更难防

> 某有限责任公司的董事长出差外地，在家的3位董事开会，将董事长罢免了。董事长回来后宣布罢免无效，但3位董事已到工商局办理了法定代表人变更登记。由此双方展开了两年多的诉讼，公司最后因无法经营而解散。可见，公司的内部风险，有时比外部风险更难以防范。

第六章

代表您公司的人

——法定代表人

引言：法定代表人是指依法律或公司章程的规定，代表法人行使职权的行政正职负责人。请不要将"法定代表人"的概念和"法人"，或者"法人代表"搞混。

本章将告诉您法定代表人的资格和职权，法定代表人与董事长、执行董事、总经理的关系，以及法定代表人的任职风险。

第六章
代表您公司的人——法定代表人
* * * * *

第一节
法定代表人的资格和职权

一、什么是法定代表人

法定代表人是指依法律或公司章程的规定,代表法人行使职权的行政正职负责人。例如,公司的董事长或者全民所有制企业的厂长都是法定代表人。法定代表人一般应当在公司章程中规定,并且要在工商行政管理机关备案。我国《公司法》规定,有限责任公司的董事长、执行董事或者经理可以担任法定代表人,即公司设有董事会的,董事长可以成为法定代表人,公司不设董事会而只设执行董事的,执行董事可以做法定代表人。另外,公司章程也可以约定公司的经理担任公司的法定代表人。法定代表人有权在法律规定的职权范围内,直接代表法人对外行使职权。法定代表人对外的职权行为即为法人行为,其后果由法人承担。法定代表人是法人登记的必备事项之一,如果法定代表人发生变更,应当及时办理法定代表人变更登记手续。

法定代表人与公司法人在内部关系上往往是劳动合同关系,故法定代表人属于雇员范畴。但在对外关系上,法定代表人以法人名义进行民事活动时,直接代表本单位行使职权,无需特别授权,这种权力是法律直接授予的。所以,法定代表人对外的职务行为即为法人行为。因此,法定代表人在履行职务时,应当遵守谨慎原则,不能因为行为不慎而给公司造成损失。

二、法人与法定代表人的区别

在日常经济生活中,人们经常将法人与法定代表人相混同。其实,二者是有很大区别的。

根据我国《民法总则》第 57 条的规定，法人是具有民事权利能力和民事行为能力，依法独立享有民事权利和承担民事义务的组织。法人是法律上拟制的人，是与自然人相对而言的。法人的范围很广，根据《公司法》设立的有限责任公司、股份有限公司属于公司法人。另外，还有全民所有制企业法人、集体所有制企业法人、机关事业单位法人、社会团体法人等。由此，法人可以理解为一个单位或者一级组织，而法定代表人只是代表一个单位或者一级组织的个人。

您成立的公司，如果章程规定董事长为公司的一把手，董事长就是法定代表人。如果章程规定总经理为公司的一把手，那总经理就是法定代表人。但是，法定代表人都是由个人担当的，而法人则不是个人，它是一个有组织的单位。应当明确的是，公司里的其他个人，并不可以成为法定代表人，只有董事长、总经理或执行董事当中的一人担任。

法规链接

《中华人民共和国民法总则》

第五十七条　法人是具有民事权利能力和民事行为能力，依法独立享有民事权利和承担民事义务的组织。

第五十九条　法人的民事权利能力和民事行为能力，从法人成立时产生，到法人终止时消灭。

第六十条　法人以其全部财产独立承担民事责任。

第六十一条　依照法律或者法人章程的规定，代表法人从事民事活动的负责人，为法人的法定代表人。

法定代表人以法人名义从事的民事活动，其法律后果由法人承受。

法人章程或者法人权力机构对法定代表人代表权的限制，不得对抗善意相对人。

三、法定代表人的资格

根据我国《公司法》和《中华人民共和国企业法人登记管理条例》等相关法律、法规的规定，具有下列情形之一的人，不能担任企业的法定代表人：

（1）无民事行为能力人或者限制民事行为能力人。无民事行为能力人是指不满8周岁的未成年人和不能辨认自己行为的精神病人；而限制民事行为能力人是指8周岁以上的未成年人。

（2）正在服刑或者被执行刑事强制措施的人。例如，被判处有期徒刑或者被刑事拘留的人。

（3）正在被公安机关或者国家安全机关通缉的人。

（4）因贪污、贿赂、侵占财产、挪用财产或者破坏社会主义市场经济秩序，被判处刑罚，执行期满未逾5年，或者因犯罪被剥夺政治权利，执行期满未逾5年。

（5）担任因经营不善破产清算企业的法定代表人或者董事长、经理，并对该企业的破产负有个人责任，自该企业破产清算完结之日起未逾3年的人。

（6）担任违法被吊销营业执照的企业的法定代表人，并对该企业违法行为负有个人责任，自该企业被吊销营业执照之日起未逾3年的人。

（7）个人负债数额较大，到期未清偿的人。

（8）因逾期未参加年检被吊销营业执照企业的法定代表人。

（9）法律和国务院规定的不能担任企业法定代表人的人。

上述所列之人，不能担任企业法定代表人，这是法律对法定代表人资格的排除。除此之外，其他人都可以担任法定代表人。您成立的公司，究竟谁做法定代表人，在考虑上述因素后，可以由股东们决定。

四、法定代表人的职权

法定代表人的职权，有的是法律直接规定的，有的是由公司章程规定的。具体说来，法定代表人的职权有：

（1）对外代表公司的权利，签署法律性文件资料。例如，在办理公司重大事项，为代理人签署授权委托书，在报刊上为公司公开发表声明等。

（2）代表公司签订合同的权利。在订立合同过程中，法定代表人签字常常是合同的生效条件，法定代表人一经签署，合同即为生效。

（3）公司发行债券、股票的，必须由法定代表人签名，公司盖章。

（4）法律、行政法规和公司章程规定的职权。例如，主持股东会，主持董事会等。

第二节
法定代表人与董事长、执行董事、总经理的关系

设董事会的有限责任公司由董事长担任法定代表人,不设董事会的,可以由执行董事或者公司总经理担任法定代表人,公司章程可自由约定。

有限责任公司的董事长是设立董事会的有限责任公司的必设且常设机关。有限责任公司是中小企业的主要存在形态,如果有限责任公司设立董事会,需要有一个主持会议并负责董事会工作的人,即董事长。如果有限责任公司不设立董事会,则不存在董事长。所以,董事长仅是设有董事会的有限责任公司的必设和常设的机关。董事长的权力和职责主要表现为负责主持股东会会议,召集董事会并主持董事会会议,检查董事会决议实施情况,以及公司章程规定的其他职权。

有限责任公司的执行董事,是不设董事会的公司负责人。只有小型公司或没有董事会的有限责任公司方可设立执行董事。他代表公司对外从事活动,并负责公司的决策和主持日常工作。根据我国《公司法》第50条第1款的规定,股东人数较少或者规模较小的有限责任公司,可以设1名执行董事。设有董事会的有限责任公司,不存在执行董事。

有限责任公司的总经理是公司董事会的执行机关,负责实施和执行董事会的决定,它是公司的业务常设机关。在设董事会的有限责任公司里,如果董事长是公司的法定代表人,则总经理只是公司的管理层人员,对外并不能代表公司,应该服从董事长的领导,贯彻董事会的决定,全面履行总经理的职责。如果公司不设董事会,就不存在董事长,总经理和董事长不发生职务冲突,在总经理为法定代表人的情况下,总经理可以依职权决定公司的一切事务。反之亦然,公司不设董事会时,执行董事也不会和董事长发生冲突,执行董事可以决定公司的一切事务。

第三节
法定代表人的任职风险

公司法定代表人依照公司章程的规定,由董事长、执行董事或者经理担任,并依法登记。法定代表人的任职风险来源于法律的直接规定,这主要表现为:

一、行政责任或者刑事责任

《中华人民共和国刑法》(以下简称《刑法》)中有许多关于单位犯罪的规定,对单位犯罪实行双罚或者单罚,在这种情况下,法定代表人就有承担法律责任的职务风险。例如:重大劳动安全事故罪、非法经营同类营业罪、挪用资金罪、公司企业人员受贿罪等。

二、民事赔偿责任

1. 因经营过错向公司承担民事赔偿责任

如果公司法定代表人在履行职务过程中存在过错,给公司造成损失的,法定代表人应当对公司承担民事赔偿责任。例如,公司法定代表人在签订、履行合同过程中失职产生的赔偿责任。《民法总则》第62条规定:"法定代表人因执行职务造成他人损害的,由法人承担民事责任。法人承担民事责任后,依照法律或者法人章程的规定,可以向有过错的法定代表人追偿。"法人对第三人承担责任后,可以追偿有过错的法定代表人或者其他工作人员的赔偿责任。

2. 法定代表人作为公司高级管理人员的法律责任

法定代表人作为董事、监事或高级管理人员执行公司职务时,违反法律、行政法规或者公司章程的规定,给公司造成损失的,应当承担赔偿责任。

三、强制执行中的风险

1. 公司对外欠债后成为被执行人,法定代表人有被罚款、拘留的风险

《中华人民共和国民事诉讼法》(以下简称《民事诉讼法》)第111条第

3 项、第 6 项规定，公司在判决生效以后隐藏、转移、变卖、毁损已被查封、扣押的财产，或者已被清点并责令其保管的财产，转移已被冻结的财产的；拒不履行人民法院已经发生法律效力的判决、裁定的，人民法院可以对其主要负责人或者直接责任人员予以罚款、拘留。根据第 241 条的规定，被执行人未按执行通知履行法律文书确定的义务，应当报告当前以及收到执行通知之日前一年的财产情况。被执行人拒绝报告或者虚假报告的，人民法院可以根据情节轻重对被执行人或者其法定代表人、有关单位的主要负责人予以罚款、拘留。

2. 被传唤或拘传的风险

《最高人民法院关于人民法院执行工作若干问题的规定(试行)》第 29 条规定，人民法院为查明被执行人的财产状况和履行义务的能力，可以传唤被执行人或被执行人的法定代表人或负责人到人民法院接受询问。第 97 条规定，对必须到人民法院接受询问的被执行人或被执行人的法定代表人或负责人，经两次传票传唤，无正当理由拒不到场的，人民法院可以对其进行拘传。

3. 被限制出境、限制高消费的风险

《最高人民法院关于适用〈中华人民共和国民事诉讼法〉执行程序若干问题的解释》第 37 条第 1 款规定，被执行人为单位的，可以对其法定代表人、主要负责人或者影响债务履行的直接责任人员限制出境。《最高人民法院关于限制被执行人高消费及有关消费的若干规定》第 3 条规定，被执行人为自然人的，被采取限制消费措施后，不得有以下高消费及非生活和工作必需的消费行为：(1) 乘坐交通工具时，选择飞机、列车软卧、轮船二等以上舱位；(2) 在星级以上宾馆、酒店、夜总会、高尔夫球场等场所进行高消费；(3) 购买不动产或者新建、扩建、高档装修房屋；(4) 租赁高档写字楼、宾馆、公寓等场所办公；(5) 购买非经营必需车辆；(6) 旅游、度假；(7) 子女就读高收费私立学校；(8) 支付高额保费购买保险理财产品；(9) 乘坐 G 字头动车组列车全部座位、其他列车组列车一等以上座位等其他非生活和工作必需的消费行为。被执行人为单位的，被采取限制消费措施后，被执行人及其法定代表人、主要负责人、影响债务履行的直接责任人员、实际控制人不得实施前款规定的行为。

第七章

公司如何良好运营

——决策和分工

引言: 分工是为了科学地管理,管理是决策过程的核心环节。公司的良好运营,离不开正确的决策和科学的分工。

本章将为您介绍公司股东(大)会、董事会、监事会、总经理等高级管理人员之间决策和分工的那些事儿,以利于您建构一个和谐的公司治理结构。

第七章
公司如何良好运营——决策和分工
* * * * *

第一节
股东(大)会——公司的权力和决策机构

一、股东(大)会在公司中的地位

股东(大)会是依照《公司法》和公司章程的规定,由全体股东组成的,它是公司的最高权力机构。

股东将自己的财产作为出资投入公司后,就丧失了对自己财产的所有权和处分权,股东无法直接支配公司的财产,他只能通过股东会或股东大会来表达自己的意志。因此,股东(大)会就成了股东表达其意志、实现自身利益和诉求的主要途径。有限责任公司股东会由全体股东组成;股份有限公司股东大会由全体股东组成。股东会是公司的权力机构,董事会的组成和公司的重大决策等必须得到股东会的认可和批准方为有效。

法规链接

《中华人民共和国公司法》

第三十六条 有限责任公司股东会由全体股东组成。股东会是公司的权力机构,依照本法行使职权。

第九十八条 股份有限公司股东大会由全体股东组成。股东大会是公司的权力机构,依照本法行使职权。

二、股东(大)会的职权

根据我国《公司法》第37条的规定,有限责任公司的股东会行使下列职权:

（1）决定公司的经营方针和投资计划；

（2）选举和更换非由职工代表担任的董事、监事，决定有关董事、监事的报酬事项；

（3）审议批准董事会的报告；

（4）审议批准监事会或者监事的报告；

（5）审议批准公司的年度财务预算方案、决算方案；

（6）审议批准公司的利润分配方案和弥补亏损方案；

（7）对公司增加或者减少注册资本作出决议；

（8）对发行公司债券作出决议；

（9）对公司合并、分立、解散、清算或者变更公司形式作出决议；

（10）修改公司章程；

（11）公司章程规定的其他职权。

根据我国《公司法》第 99 条的规定，《公司法》第 37 条第 1 款关于有限责任公司股东会职权的规定，适用于股份有限公司股东大会。

> **律师提示**
>
> 对上述事项股东以书面形式一致表示同意，可以不召开股东会会议，直接作出决定，并由全体股东在决定文件上签名、盖章。股份有限公司股东大会的职权也适用上述内容。

三、股东（大）会的议事规则

股东（大）会是以会议的形式行使最终所有者的权利，即凡公司的重大事务都由股东（大）会来决定。

1. 股东（大）会的召开

股东（大）会会议分为定期会议和临时会议两种。根据《公司法》第 100 条的规定，定期会议一般每年至少召开 1 次，当公司出现下列情形之一时，应当在两个月内召开临时股东（大）会：

（1）董事人数不足本法规定人数或者公司章程所定人数的 2/3 时；

（2）公司未弥补的亏损达实收股本总额 1/3 时；

（3）单独或者合计持有公司 1/10 以上股份的股东请求时；

（4）董事会认为必要时；

(5) 监事会提议召开时;

(6) 公司章程规定的其他情形,如临时会议。

2. 股东(大)会会议的召集制度

股东(大)会会议的召集、通知、提案、表决等程序,应当在公司的《股东(大)会会议议事规则》中详细规定,并具有可操作性,以保证股东(大)会决议的合法有效。

股东(大)会的召集制度是关于股东大会召集条件、召集权人、召集通知等各项规定的总和。股东(大)会的召集制度在股东(大)会的制度设计中非常重要,股东(大)会的召集使股东大会会议得以启动,召集程序的合法与否,直接关系到股东大会的正常运作,以及其决议的效力。股东大会作为股份公司的权力机构,通常要对涉及公司重大利益的事项进行决议,如公司的经营方针和投资计划,选举和更换董事、出现亏损的补救和处理等,如果不及时召集股东大会,这些事项便可能被搁置,造成时机延误,公司的正常运行因此会受到严重影响;有时,尽管进行了召集,但由于程序不合法,造成其决议瑕疵,无法产生效力。可以说,没有科学、合理的召集制度就没有股东(大)会的启动,更不可能有股东(大)会的决策。

我国《公司法》第40—42条、第101条对股东会和股东大会的召集制度作出了具体规定。现将有限责任公司股东会和股份有限公司股东大会召集制度作一比较(见表7-1所示)。

表7-1 有限责任公司股东会和股份有限公司股东大会召集制度对比表

	有限责任公司	股份有限公司
定期会议	依照公司章程的规定按时召开	应当每年召开1次年会
召集权人	董事会或执行董事→监事会或监事(无监事会)→代表1/10以上表决权的股东	董事会→监事会→连续90日以上单独或者合计持有公司10%以上股份的股东
召集通知	原则上,会议召开前15日通知全体股东 例外:章程或全体股东另行约定	会议召开前20日通知各股东;临时股东会议于会议召开前15日通知各股东
提议召开临时会议的主体	① 代表1/10以上表决权股东; ② 1/3以上的董事; ③ 监事会或不设监事会的公司的监事	① 单独或者合计持有公司10%以上股份的股东请求时; ② 董事会认为必要时; ③ 监事会提议召开时

3. 股东(大)会会议的表决制度

有限责任公司和股份有限公司在股东(大)会会议表决制度上存在一些细微的差别,下面通过表格进行对比说明如下(见表7-2所示):

表7-2 有限责任公司和股份有限公司股东(大)会会议表决制度对比表

	有限责任公司	股份有限公司
表决规则	任意的资本多数表决 原则上:由股东按照出资比例行使表决权; 例外:公司章程另有规定从其规定,也就是说,股东可以约定表决比例,不一定按照出资比例表决	强行的资本多数表决 股东所持每一股份有一表决权,不允许章程另行规定; 公司自持股份无表决权
表决通过	普通表决:相对多数表决 经代表1/2以上表决权的股东通过	普通表决:相对多数表决 经出席会议的股东所持表决权的1/2以上通过
表决通过	特别表决:绝对多数表决 经代表2/3以上表决权的股东通过; 适用事项:① 修改公司章程;② 增、减注册资本;③ 公司合并、分立、解散、变更公司形式	特别表决:绝对多数表决 经出席会议的股东所持表决权的2/3以上通过
表决通过	股东以书面形式一致同意的,可以不召开股东会议,直接作出决定,全体股东签名、盖章	无此规定
投票制度	不适用	累积投票制——股东大会选举董事、监事时,每一股份拥有与应选董事或监事人数相同的表决权,股东拥有的表决权可以集中使用
投票制度	须出具公证过的委托代理合同	委托投票制——股东可以委托代理人出席股东大会会议,代理人向公司提交股东授权委托书,在授权范围内行使表决权

第二节
董事会——公司的业务执行机构

有限责任公司的权力机构是股东会,它决定公司的重大事项。但就一个拥有众多股东的公司来说,不可能让所有的股东定期聚会来对公司的业务活动进行领导和管理。因此,股东们需要推选出能够代表自己利益、有能力、值得信赖的少数代表,组成一个小型的机构替股东代理和管理公司,这就是董事会。

一、董事会在公司中扮演的角色

董事会由公司股东(大)会选举产生,对股东(大)会负责,是公司的经营决策机构。作为股东的代理人,董事会既享有决策权,又有对经理层的任免权,起着"承上启下"的作用。

董事会对公司的发展目标和重大经营活动作出决策,维护出资人的利益。它对外代表公司进行业务活动,也就是说,公司的所有内外事务和业务都在董事会的领导下进行。在法人治理结构中,董事会处于核心地位,是介于股东和经理层之间的一个枢纽。

二、董事会的职权

如果您成立的是有限责任公司,根据《公司法》第46条的规定,董事会可以行使下列职权:

(1)召集股东会会议,并向股东会报告工作;
(2)执行股东会的决议;
(3)决定公司的经营计划和投资方案;
(4)制订公司的年度财务预算方案、决算方案;
(5)制订公司的利润分配方案和弥补亏损方案;
(6)制订公司增加或者减少注册资本以及发行公司债券的方案;
(7)制订公司合并、分立、解散或者变更公司形式的方案;
(8)决定公司内部管理机构的设置;
(9)决定聘任或者解聘公司经理及其报酬事项,并根据经理的提名决

定聘任或者解聘公司副经理、财务负责人及其报酬事项;

（10）制定公司的基本管理制度；

（11）公司章程规定的其他职权。

> **律师提示**
>
> 董事会的职权只能由董事会行使，其他个人和组织不可代表，同时也不可强迫董事会作出违背意愿的决定。

三、董事会的议事规则

董事会实行集体负责制。在董事会成员中，各个董事（包括董事长）是平等的，不存在领导与被领导的关系，他们共同对股东（大）会负责，不存在董事长的个人绝对权利。下面就有限责任公司和股份有限公司董事会召集制度和表决制度作一比较如下（见表7-3、表7-4所示）：

表7-3 有限责任公司和股份有限公司董事会召集制度对比表

	有限责任公司	股份有限公司
召集权人	①董事会会议由董事长召集和主持； ②董事长不能履行职务或者不履行职务的，由副董事长召集和主持； ③副董事长不能履行职务或者不履行职务的，由半数以上董事共同推举一名董事召集和主持	同有限责任公司
召集通知	无规定	会议召开前10日通知全体董事和监事
会议种类	无规定	例会：每年度至少召开两次 临时会议的提议主体：①代表1/10以上表决权股东；②1/3以上的董事；③监事会

表 7-4 有限责任公司和股份有限公司董事会表决制度对比表

	有限责任公司	股份有限公司
出席规则	由章程规定	过半数董事出席方可举行
表决程序	由章程规定	全体董事的过半数通过
表决规则	由章程规定	一人一票
投票制度	不适用	累积投票制:股东大会选举董事、监事时,每一股份拥有与应选董事或监事人数相同的表决权,股东拥有的表决权可以集中使用
	须出具公证过的委托代理合同	委托投票制:股东可以委托代理人出席股东大会会议,代理人向公司提交股东授权委托书,在授权范围内行使表决权

(参见附录文书样式 4:有限责任公司《董事会会议议事规则》参考范本)

第三节
监事会——公司的监督机构

一、监事会在公司的位置

您成立的有限责任公司可以设立监事会,也可以不设。设立监事会的好处是:对董事会和经理执行公司职务是否违法或者违反公司章程进行监督,防止董事会和经理滥用职权,以保证公司能够依法有效经营。如果设立了监事会,根据《公司法》第 53 条的规定,监事会可以行使下列职权:

(1) 检查公司财务;

(2) 对董事、高级管理人员执行公司职务的行为进行监督,对违反法律、行政法规、公司章程或者股东会决议的董事、高级管理人员提出罢免的建议；

（3）当董事、高级管理人员的行为损害公司的利益时，要求董事、高级管理人员予以纠正；

（4）提议召开临时股东会会议，在董事会不履行本法规定的召集和主持股东会会议职责时召集和主持股东会会议；

（5）向股东会会议提出提案；

（6）依照《公司法》第151条的规定，对董事、高级管理人员提起诉讼；

（7）公司章程规定的其他职权。

> **律师提示**
>
> 虽然监事会有权对董事会和经理进行监督，但它对内一般不能参加公司的业务决策和管理，对外一般无权代表公司。如果您的公司只设监事，不设监事会，那么监事可以列席董事会会议，对董事会会议事项提出质询或者建议。监事发现公司经营状况异常，可以进行调查；必要时可以聘请会计师事务所等协助工作，其费用由公司承担。

二、有限责任公司监事会的议事规则

如果设立监事会，监事会成员不得少于3人。股东人数较少或者规模较小的有限责任公司，可以设1—2名监事，不设监事会。监事会应当包括股东代表和适当比例的公司职工代表。其中，职工代表的比例不得低于1/3，具体比例由公司章程规定。监事会中的职工代表，由公司职工代表大会、职工大会或者其他形式民主选举产生。董事、高级管理人员不得兼任监事。监事的任期每届为3年，可连选连任。有限责任公司不设监事会的，由监事行使监事会的职权。

有限责任公司的监事会每年度至少召开一次会议，股份有限公司的监事会每6个月至少召开一次会议。监事可以提议召开临时监事会会议。监事会的议事方式和表决程序，除《公司法》有规定以外，由公司章程规定。下面就有限责任公司和股份有限公司监事会会议的召集人、召开时间、表决规则作一比较如下（见表7-5所示）：

表7-5 有限责任公司和股份有限公司监事会会议制度对比表

	有限责任公司	股份有限公司
召集权人	① 监事会主席召集和主持监事会会议；② 监事会主席不能履行职务或者不履行职务的，由半数以上监事共同推举一名监事召集和主持监事会会议	① 监事会主席召集和主持监事会会议；② 监事会主席不能履行职务或者不履行职务的，由监事会副主席召集和主持监事会会议；③ 监事会副主席不能履行职务或者不履行职务的，由半数以上监事共同推举一名监事召集和主持监事会会议
召开时间	每年度至少召开一次	每6个月至少召开一次会议
表决规则	监事会决议应当经过半数以上监事通过	同有限责任公司

监事会作为股东选派的监督机构，其工作方式分为定期会议和临时会议，表决方式一般以简单多数作出。

有限责任公司设立监事会的，应制定监事会会议议事规则，详细规定监事会工作程序和职权范围，使监事会开展工作符合《公司法》的要求和公司章程的规定。由于监事会是公司的监督机构，监事会行使职权时，必须按程序办理。如果没有基本工作程序的规定，监事会将很难依法行使职权。监事会行使职权，其权力来源于法律的规定和公司章程的规定，依法监督董事会、董事、总经理及公司高级管理人员，其目的是保证公司依法经营和保护股东的合法利益，防止公司董事会、董事、总经理及高级管理人员利用职务便利，侵害公司利益或者股东利益。监事会是公司的法定监督机构，除了规模较小的有限责任公司外，一般有限责任公司应设立监事会，而监事会开展日常工作，应制定议事规则，使公司监督工作纳入程序化和法律化（参见附录文书样式5：有限责任公司《监事会会议议事规则》参考范本）。

第四节
总经理与总经理办公会的职权

一、以总经理为核心的经营班子

总经理是公司日常工作的主持者,是董事会聘任的高级管理人员,以总经理为首的经营班子,负责执行董事会的决策,在董事会授权范围内拥有公司事务的管理权,直接处理公司的日常经营事务。公司的全体成员都应该在总经理的领导下,开展日常工作。

二、总经理的职权范围

总经理对公司具有日常工作管理权,他的权力体现得比较明显,根据我国目前的实际情况,总经理的职权主要来源于三个方面:一是法定的职权,即由《公司法》规定的经理职权;二是由公司章程规定的职权,即股东(大)会通过公司章程授予经理的职权;三是董事会的授权,也就是由董事会责成经理处理的其他事务。

具体说来,根据《公司法》第49条的规定,总经理的职权主要有:

(1) 主持公司的生产经营管理工作,组织实施董事会决议;
(2) 组织实施公司年度经营计划和投资方案;
(3) 拟订公司内部管理机构设置方案;
(4) 拟订公司的基本管理制度;
(5) 制定公司的具体规章;
(6) 提请聘任或者解聘公司副经理、财务负责人;
(7) 决定聘任或者解聘除应由董事会决定聘任或者解聘以外的负责管理人员;
(8) 董事会授予的其他职权。

公司章程对经理职权另有规定的,从其规定。经理列席董事会会议。

三、总经理工作细则

公司的管理层是以总经理为核心的管理团队,其中,总经理人选由董事长提名,董事会决议聘任或解聘;副总经理人选由总经理提名,由董事会聘任或解聘,其他部门主管人员由总经理决定任命和解聘。总经理对董事会负责,副总经理及其他主管人员向总经理负责。

管理层的工作机构包括总经理会议和总经理办公会。其具体的职权范围、人员范围、决策程序如下(见表7-6所示):

表7-6 公司总经理会议和总经理办公会的区别

	总经理会议	总经理办公会
解决事项	研究决定总经理职权范围内的重要事项	协调、解决公司日常经营活动的具体事项
参加人	公司总经理、副总经理和党委书记、副书记参加,由总经理主持	由总经理或分管副总经理召集,有关副总经理和部门负责人参加
召开时间	每月召开2—3次,具体时间由总经理确定	每周召开一次,具体时间由总经理决定
临时会议	由总经理、副总经理提出,可召开临时总经理会议	总经理可以决定召开临时会议
决定程序	民主集中制原则,在发扬民主的基础上,由总经理集中多数成员意见作出会议决议	在充分听取部门意见的基础上,由召集人提出解决意见;难以提出解决意见的,应及时提交总经理会议研究

《总经理工作细则》详细规定了总经理应具备的条件、任免、职权范围和议事规则以及总经理的工作责任和义务。它是总经理开展日常工作应遵循的程序性和实质性规定。如果您没有担任总经理的经历,《总经理工作细则》会对您开展总经理工作有很大的启发和指导意义。

总经理是公司日常管理的主要管理人,要对公司尽心尽力地管理和经营。但总经理工作不是简单地想到哪儿干到哪儿,它的职权范围在《公司法》和公司章程中都有明确的规定。因此,总经理只能在职责范围内开展工作。总经理管理公司日常工作,可能会形成一定的权威性,但它不可代替董事会行使职权,也不可代替监事会行使职权。董事会、监事会、总经理可以说是公司的"三驾马车",它们之间的职权分工明确,决策内容和工作程序也不尽相同。因此,如果您担任了有限责任公司的总经理,应拟定一部《总经理工作细则》，使总经理的工作能够程序化、规范化。这除了是发展和管理公司的需要外，也是建立现代企业管理的需要(参见附录文书样式6:有限责任公司《总经理工作细则》参考范本)。

第五节
董事、监事和高级管理人员的任职限制

由于公司董事、监事和高级管理人员是公司组织机构的重要成员,他们的素质高低、品质优劣直接关系着公司的经营成败和发展。因此,为了维护公司利益和股东的利益,有必要对公司的董事、监事、高级管理人员的任职资格作出限制。我国《公司法》第146条第1款规定,具有下列情形之一的人,不得担任公司的董事、监事、高级管理人员：

(1) 无民事行为能力或者限制民事行为能力；

(2) 因贪污、贿赂、侵占财产、挪用财产或者破坏社会主义市场经济秩序,被判处刑罚,执行期满未逾5年,或者因犯罪被剥夺政治权利,执行期满未逾5年；

(3) 担任破产清算的公司、企业的董事或者厂长、经理,对该公司企业的破产负有个人责任的,自该公司、企业破产清算完结之日起未逾3年；

(4) 担任因违法被吊销营业执照、责令关闭的公司、企业的法定代表人,并负有个人责任的,自该公司、企业被吊销营业执照之日起未逾3年；

(5) 个人所负数额较大的债务到期未清偿。

第六节
公司的治理结构

一、什么是公司的治理结构

公司治理结构是一个多角度、多层次的概念,很难用简单的术语来表

述,其基本含义是如何更科学、更合理地设置公司的管理制度和组织制度,以便更全面、更有效地维护股东的切身利益。关于公司治理结构,可以从狭义和广义两方面理解。

(1) 狭义的公司治理结构,是指当公司的所有权与经营权相分离后,公司的所有者即股东为了对公司的经营者进行监督与制衡,通过一种制度安排合理配置所有者与经营者之间的权利与责任关系。公司治理的目标是为了保证股东利益的最大化,防止经营者对所有者利益的背离。

(2) 广义的公司治理结构,则不局限于股东对经营者的制衡,而是涉及广泛的利害相关者,包括股东、债权人、供应商、雇员、政府和社区等与公司有利害关系的集团和个人。在这个层面上,公司治理是指,通过一套包括正式或非正式的内部的或外部的制度或机制协调公司与所有利害相关者之间的利益关系,以保证公司决策的科学化,从而最终维护公司各方面利益的制衡机制。因为从广义上讲,公司不仅仅是股东的公司,而是一个利益共同体,所以公司治理不限于以治理结构为基础的内部治理,还包括利益相关者通过一系列的内部、外部机制来实施共同治理;治理的目标不仅限于股东利益的最大化,确切地说,应是保证公司决策的科学性,从而保证公司各方面的利益相关者的利益最大化。

二、什么样的公司治理结构才算是一个较好的模式

一个好的公司治理模式,一定会给公司的发展带来广阔的前景,同时也会给公司带来更大的利益。哪种公司治理模式才算较好的呢?从国际上看,较好的公司治理模式应符合某些共同的原则:

1. 权力制衡原则

在公司实行权力制衡,防止董事会或总经理权力过大,董事会、总经理均应各司其职,董事会向股东会负责,总经理向董事会负责,强化董事、总经理的诚信与勤勉义务,确保董事会对经理层的有效监督。同时,监事会切实履行职责,对董事会、总经理及财务进行有效监督,建立健全绩效评价与激励约束机制。

2. 公平性原则

主要指平等对待所有股东,如果他们的权利受到损害,他们应有机会得到有效补偿。同时,公司治理结构的框架中应确认公司利益相关者的合法权利。

3. 透明度原则

一个强有力的信息披露制度是对公司进行市场监督的典型特征,是股东行使表决权的关键,信息披露也是影响公司行为和保护投资者利益的有力工具。强有力的信息披露制度有助于公司吸引资金,维持对资本市场的信心。

三、我国《公司法》构建的公司治理结构

1. 公司治理结构遵循的原则

(1) 法定原则。公司治理结构关系到公司投资者、决策者、经营者、监督者的基本权利和义务,《公司法》在制定时考虑到各方面的利益,对股东的权利义务、股东会的权利义务、董事会的权利义务、总经理的权利义务、监事会的权利义务都作了明确规定。对这些规定应予执行。

(2) 职责明确原则。公司治理结构的各组成部分应当有明确的分工,各行其职,各负其责,避免职责不清、分工不明而导致的混乱。《公司法》对公司各组织机构职责作了明确规定,为公司的正常运行提供了方便。

(3) 协调运转原则。公司治理结构的各组成部分是密切结合在一起的,无论董事会、监事会或总经理都应该密切配合,如果各行其是、相互拆台,公司就会陷入混乱。

(4) 有效制衡原则。公司法人治理结构的各部分之间不仅要协调配合,而且还要有效地实现制衡,包括不同层级机构之间的制衡,不同利益主体之间的制衡。

2. 公司治理结构的组成

公司治理结构,一般由四个层次组成:

(1) 股东会或者股东大会:由公司全体股东组成,作为公司的最高权力机构,体现公司所有者对公司的最终所有权和决定权;

(2) 董事会:由公司股东会或股东大会选举产生,作为公司的决策层,对公司发展的目标和重大经营活动作出决策,维护出资人的权益,实现股东利益最大化;

(3) 监事会:一般由股东和职工代表组成,作为公司的监督机构,对公司的财务和董事、经营者的行为实行监督,不设监事会的有限责任公司由监事行使监督权;

(4) 经理层或管理层:由董事会聘任,对董事会负责,负责公司日常经

营管理,实施董事会制定的经营计划和决策。同时,受董事会和监事会的监督。

> **律师提示**

公司治理结构的四个组成部分,都是《公司法》已经确立的,它们的产生和组成,行使的职权,议事的规则等,在《公司法》中都作了相应的规定。公司治理结构是以《公司法》为基础的各种法律、法规的集中体现,是按照公司本质属性的要求形成的公司治理模式。

第八章

怎样进行公司股权转让

引言：股权转让，是指股东将其对公司所持有的股权转移给受让人，受让人因取得股权而成为公司新股东。在股权转让过程中，股权转让合同的签订尤为重要。除了法律限制性规定之外，如果公司章程对股东转让股权或股份，有特别限制和要求的，股东订立股权转让合同时，也不得违反。

本章主要介绍股权转让的条件和限制、价格和效力、优先购买权，以及签订股权转让合同应当注意的问题。

第八章
怎样进行公司股权转让
* * * * *

第一节
股权转让的条件和限制

股权转让,是指股东将其对公司所持有的股权转移给受让人,受让人因取得股权而成为公司新股东。有限责任公司的股东转让股权又称为"出资转让",股份有限公司的股东转让其股权又被称为"**股份转让**"。出资转让和股份转让只是称呼不同,实质没有什么区别。

一、股权转让的前提条件

1. 公司应当依法成立

有限责任公司和股份有限公司必须经过工商行政管理机关登记注册,颁发企业法人营业执照,公司才依法取得法人资格。公司是股东的家园,股东的股权依赖于公司而存在。没有公司,无从谈起股权,更无从谈起股权转让。因此,如果公司没有登记注册,未取得《企业法人营业执照》,出资者就不具有股东资格,当然也不具备股权转让的法定条件。由此可见,只有依法成立的有限责任公司,才具备法定股权转让的条件。

2. 出让人依法取得股东资格

公司股东基于社员资格而享有的股权,包括各种具有财产性质的请求权和共同管理公司的权利。作为股东必须在工商行政管理机关登记才能获得股东资格。在工商行政管理机关注册登记公司时,出资人或发起人填写的《开业登记申请表》和《公司变更登记申请表》中,都有股东的登记和变更登记记载。有限责任公司或股份有限公司应当置备股东名册。有限责任公司应当向股东签发出资证明书,股份有限公司应当将发起人记载于公司的股东名册。出资证明和股东名册是公司对出资人或发起人认定为公司股东的法律凭证。如果没有获得出资证明书或者没有记载于股东名册,则很难认定为该公司的股东。没有股东资格,也就无从谈起股权转让。

3. 取得股权程序合法

出让人取得股权的程序应当合法,对可能因为违反法定程序而取得的股权承担责任。比如出让人是通过欺诈、胁迫等非法手段取得的或者取得股权时侵犯了他人的优先权,上述情形均可能导致股权取得无效。股权取得无效的情况下,转让股权就会出现障碍。

二、有限责任公司股权转让的程序

(1)根据我国《公司法》第71条的规定,有限责任公司经其他股东超过半数表决通过后,股权方可对外转让。股东会讨论股权转让时,不同意转让的股东应当按照同等条件购买该股权,不同意转让又不同意购买,视为同意转让;股东之间相互转让股权时,不需经过股东会表决同意,只需股东之间协商并通知公司及其他股东即可。

(2)转让双方签订股权转让协议。协议中应对转让股权的数额、价格、程序、双方的权利和义务作出具体规定,使其作为有效的法律文书来约束双方的转让行为。股权转让协议应当遵守《中华人民共和国合同法》(以下简称《合同法》)的一般规定。

(3)收回原股东的出资证明书,发给新股东出资证明书,对公司股东名册进行变更登记,注销原股东名册,将新股东的姓名或名称、住所地及受让的出资额记载于股东名册,并相应修改公司章程。但出资证明书作为公司对股东履行出资义务和享有股权的证明,只是股东对抗公司的证明,并不足以产生对外公示的效力。

(4)将新修改的公司章程、股东及其出资变更等向工商行政管理部门进行工商变更登记。至此,有限责任公司股权转让的法定程序才告完成。

三、股份有限公司股东股权转让的程序

(1)股份有限公司的股东转让股权与有限责任公司股东转让股权明显不同,必须在依法设立的证券交易场所进行。否则,转让在法律上并不生效。

(2)记名股票由股东以背书方式或者法律、行政法规规定的其他方式转让。转让后由公司将受让人的姓名或者名称及住所记载于股东名册。

（3）无记名股票的转让，由股东在依法设立的证券交易场所将该股票交付给受让人后即发生转让的效力。例如，在上海证券交易所或者深圳证券交易所进行股权转让，也就是股票买卖。股份有限公司的股权转让有着十分严格的交易程序和规则，不在此转让而采用其他方式转让都是法律所不允许的，同时也是无效的。

（4）收购人可以依照法律、行政法规的规定，同被收购公司的股东以协议方式进行股权转让。以协议方式收购上市公司时，达成协议后生效。

四、股权转让的限制

（一）有限责任公司出资转让的限制

与股份有限公司相比，有限责任公司的人合性较强，更加重视股东之间的信任关系和合作关系。所以，有限责任公司的出资转让与股份有限公司相比要受到更多的限制。我国《公司法》将有限责任公司的股权转让区分为内部转让和外部转让。

根据《公司法》第71条第1款的规定，有限责任公司的股东之间可以相互转让其全部或者部分股权。

根据《公司法》第71条第2款的规定，股东向股东以外的人转让股权，应当经其他股东过半数同意。股东应就其股权转让事项书面通知其他股东征求同意，其他股东自接到书面通知之日起满30日未答复的，视为同意转让。其他股东半数以上不同意转让的，不同意的股东应当购买该转让的股权；不购买的，视为同意转让。《公司法》虽然对外部转让设置了限制，但是这种限制转让不是禁止转让，如果其他股东过半数不同意转让，也不购买或者未在法定期限内答复的，则视为同意转让。因此，股东的股权不会成为"笼子里的金丝鸟"。

案例解析

案例2　股权的转让

> 一家有限责任公司，股东共5人，其中，股东李某想转让自己拥有的公司10%的股权，非本公司股东赵某想以20万元的价格购买该股权。但是，有3个股东不同意赵某加入该公司。此情况如何处理？

> **律师提示**
>
> 在这种情况下,该 3 人就应该将李某转让的 10% 的股权购买下来。否则,视为同意转让,李某可以将该股权转让给第三人。

(二) 股份有限公司股份转让的限制

股份的自由转让是股份有限公司的股份的固有特征。股份本身作为一种财产具有可转让性,因此股份转让可以不经过公司或者其他股东的同意。但是,股份的转让自由并非是绝对自由,主要有以下限制:

1. 转让方式的限制

根据《公司法》第 139 条第 1 款的规定,记名股票,由股东以背书方式或者法律、行政法规规定的其他方式转让。如果违反该规定而转让股票,应属无效。无记名股票的转让则采取交付主义,即股东将该股票交付给受让人后即发生转让的效力。一般来说,上市交易的股票即属此类。

2. 转让场所的限制

《公司法》第 138 条规定,股东转让其股份,应当在依法设立的证券交易场所进行或者按照国务院规定的其他方式进行。

3. 对特定人股份转让的限制

主要有如下几种情形:

(1) 发起人股份转让的限制。《公司法》第 141 条第 1 款规定,发起人持有的本公司股份,自公司成立之日起 1 年内不得转让。该款规定为了避免"职业发起,投机牟利"。如果违反该规定,转让无效。

(2) 对董事、监事和高级管理人员股份转让的限制。《公司法》第 141 条第 2 款规定,公司董事、监事、高级管理人员应当向公司申报所持有的本公司股份及其变动情况,在任职期间每年转让的股份不得超过其所持有本公司股份总数的 25%;所持本公司股份自公司股票上市交易之日起 1 年内不得转让。上述人员离职后半年内,不得转让其所持有的本公司股份。公司章程可以对公司董事、监事、高级管理人员转让其所持有的本公司股份作出其他限制性规定。

(3) 公司收购自己股份的限制。根据《公司法》第 142 条第 1 款的规定,公司不得收购本公司的股份。但是,有下列情形之一的除外:"① 减少公司注册资本;② 与持有本公司股份的其他公司合并;③ 将股份用于员工持股计划或者股权激励;④ 股东因对股东大会作出的公司合并、分立决议持异议,要求公司收购其股份;⑤ 将股份用于转换上市公司发行的可转换为股票的公司债券;⑥ 上市公司为维护公司价值及股东权益所必需。"

> **律师提示**
>
> 公司因上述第①②项规定的情形收购本公司股份的,应当经股东大会决议;公司因上述第③⑤⑥项规定的情形收购本公司股份的,可以依照公司章程的规定或者股东大会的授权,经2/3 以上董事出席的董事会会议决议。公司收购本公司股份后,属于第①项情形的,应当自收购之日起 10 日内注销;属于第②④项情形的,应当在 6 个月内转让或者注销;属于第③⑤⑥项情形的,公司合计持有的本公司股份数不得超过本公司已发行股份总额的 10%,并应当在 3年内转让或者注销。
>
> 上市公司收购本公司股份的,应当按照《中华人民共和国证券法》的规定履行信息披露义务。上市公司因第③⑤⑥项规定的情形收购本公司股份的,应当通过公开的集中交易方式进行。

第二节 股权转让的价格和效力

一、股权转让的价格

在公司股权转让过程中,如何确定股权转让价款,在实务中常常引起争议。当前,我国《公司法》及相关法律除了对国有股权的转让估价作了限制性规定外,对于普通股权转让价格的确定并未作具体的规定。根据意思自治原则,只要当事人不违反法律的强制性规定,不损害国家和第三人的合法权益,法律允许股东自由确定股权转让价格。

在法律实践中,普通股权的转让价格通常由以下几种方式确定:

(1)当事人自由协商确定,即股权转让时,股权转让价款由转让方与受让方自由协商确定,可称为"协商价法"。

(2)以公司工商注册登记的股东出资额为股权转让价格,可称为"出资额法"。

(3)以公司净资产额为标准确定股权转让价格,可称为"净资产价法"。

(4)以审计、评估的价格作为依据计算股权转让价格,可称为"评估价法"。

(5)以拍卖价、变卖价为股权转让价格。

上述几种方法,都有其可取之处,但也均存在不足。依出资额法和净资产价法确定的股权价格简单明了,便于计算和操作;评估价法则通过对公司会计账目、资产的清理核查,较能体现公司的资产状况;拍卖、变卖的方法引入了市场机制,在一定程度上能体现股权的市场价值。但是,公司的生产经营活动受经营者的决策及市场因素的影响较大,公司的资产状况处于一种动态变化之中,股东的出资与股权的实际价值往往存在较大差异,如对股东的股权未经作价以原出资额直接转让,这无疑混淆了股权与出资的概念。公司净资产额虽然反映了公司一定的财务状况,但由于其不体现公司资金的流转等公司运作的重要指数,也不能反映公司经营的实际情况。审计、评估能反映公司的财产状况,也能对公司运作的大部分情况进行估算,却不能体现公司的不良资产率、公司发展前景等是对股权价值有重要影响的因素。拍卖、变卖一般时间较紧,转让方和受让方常无法进行更多直接沟通。如不能很好理解和运用这几种方法,将造成股权的滥用,侵犯股东和公司的合法权益。

> 律师提示

虽然当事人可以自由选择以上方式确定股权转让价格,但仍需遵守我国法律的强制性规定。如果股权转让价格与股权实际价值(或市场价值)差距过大,往往容易产生股权转让纠纷,有异议的一方可能会以此为由主张股权转让双方恶意串通。而依据我国《合同法》的相关规定,恶意串通约定股权转让价格,致国家、集体或者第三人利益受损的,将导致股权转让行为无效。为了避免此类法律风险,保障股权转让各方的合法权益,当事人应尽量采取反映股权实际价值或市场价值的价格确定方式。例如,可以先对公司的资产、负债情况进行整体评估、审计,确定转让的基准价格,并以此为基础协商确定转让价格;还可以结合公司不良资产率、国家产业政策等因素确定转让价格,或者引进拍卖、变卖的市场竞争机制转让股权。

二、股权转让的效力

1. 对股东的效力

股权转让经当事人之间达成协议即为有效,基于股份或者出资产生的权利,包括受益权和表决权均应由买方继受。因此,可以认为,自签订股权转让协议并记载到公司章程或取得出资证明之日起,买方即取得股东资格,享受股东权利,承担股东义务。而不以股权转让款是否支付完毕、是否变更工商登记为要件。工商登记作为股东身份的形式要件,具有公示公信的效力,仅对第三人产生效力,股东之间则应当以公司章程记载或股东名册记载为准。

2. 对公司的效力

股权转让经当事人达成协议,变更公司章程或将买方姓名或者名称记载于公司股东名册后,受让人即成为新股东,凡股份或者出资上一切权利均归于新股东享有和行使,公司须对新股东负责。

3. 对第三人的效力

股权一经合法转让并到工商行政管理机关办理登记后,即具有对抗第三人的效力。这里所谓的"合法转让",包括按照法律、行政法规的规定已经履行了相应的股权变动登记手续。如果股权转让没有到工商行政管理机关办理变更登记,股权转让则不能对抗第三人。显而易见,凡股权转让,均应到工商行政管理机关办理股权变更登记。

第三节
股权转让中的优先购买权

一、什么是优先购买权

股权转让中的优先购买权,是指有限责任公司的股东向股东之外的第三人转让股权,在同等条件下,公司中的其他股东具有优先购买的权利。

根据《公司法》第 71 条第 3 款的规定,对于经股东同意向公司股东以外的人转让的股权,其他股东在同等条件下有优先购买权。两个以上的股东都主张行使优先购买权的,协商确定各自的购买比例;协商不成的,按照转让时各自的出资比例行使优先购买权。这是法律关于公司内股东行使优先购买权时的程序性和公平性规定,以避免公司内股东之间行使优先购买权时发生冲突。同时,这一规范也是解决此类纠纷的准则。

二、规定优先购买权的目的

规定股东享有优先购买权,目的就是保证老股东对公司的控制权。这是因为:

1. 有限责任公司兼具资合与人合的性质

其人合性要求公司股东之间具有很强的合作性。当股东对外转让股权时,为维系公司的人合性,赋予老股东优先购买权,以便其选择是否接受新股东的进入。

2. 保护老股东在公司的既得利益的需要

公司是老股东经营发展起来的,当股东发生变化时,应当优先考虑对老股东既得利益的维护,同时也是为了维护公司的稳定发展。

三、股东优先购买权的行使期限

股东优先购买权的行使期限,应从转让出资股东公开表达转让意图并正式通知转让条件时起算。其他股东在得知转让条件后,经过合理期限不主张购买,应认定其放弃优先购买权。

1. 股东优先购买权的行使期限与不同意对外转让出资股东应当购买出资的义务的履行期限是重合的

如果把从得知购买条件到转让出资的股东与第三人签订合同的期间,单纯地视为拒绝履行购买出资义务的期间,将导致其他股东因是否同意对外转让出资的态度不同,而使各自的优先购买权的行使期限不一致。

2. 其他股东同意对外转让出资,意味着其在作出同意决定的时候,放弃在一定条件下的优先购买权

因为对外转让出资,亦即不向其他股东进行内部转让出资。其他股东如果在得知转让条件后意欲购买,应当作出不同意对外转让的决定,并

进行购买,反之可以推定其不愿购买。

3. 行使期间的起算是相对于既定条件而言的

每当转让出资股东确定出一个更为优惠的转让条件,股东优先购买权行使期就应当重新计算。也就是说,如果转让出资股东事后与第三人的转让条件较之事先通知其他股东的转让条件更为优惠,则其他股东原先作出的不购买表示,对其优先购买权不发生法律效力,其仍可在知道或应当知道出资转让条件后的合理期间内享有优先购买权。

4. 股权作为民事财产权利,可以成为强制执行的标的

人民法院通过法定强制执行程序强行转让负债股东的股权时,应当通知公司及全体股东,其他股东在同等条件下有优先购买权。其他股东自人民法院通知之日起满20天不行使优先购买权,视为放弃优先购买权。此处的"20日"为除斥期间,逾期不行使的,该优先购买权归于消灭,自该权利派生出来的诉权也归于消灭,人民法院可以将负债股东的股权强制执行转让给申请执行人。

5. 同等条件的判定因素

《最高人民法院关于适用〈中华人民共和国公司法〉若干问题的规定(四)》第18条列举了"同等条件"的判定因素,包括转让股权的数量、价格、支付方式及期限等。

四、对股东优先购买权的保护

向非股东转让股权,应当向公司和其他股东告知拟受让人和拟转让股权的价格。公司应当召开股东会征求其他股东的同意。公司未及时召开股东会的,拟转让股权的股东可以书面形式分别征求其他股东的同意,请求其在确定的期限内答复。公司章程没有规定行使期间或者规定不明确的,以通知确定的期间为准,通知确定的期间短于30日或未明确行使期间的,行使期间为30日。逾期未答复者视为同意。

股东未经其他股东过半数同意或者未向其他股东通报转让价格等主要条件而与非股东订立股权转让合同,或者与非股东订立股权转让合同,价格或者其他主要条件低于向其他股东告知的价格条件的,原则上股权转让合同有效,其他股东仅提出确认股权转让合同及股权变动效力等请求,但未同时主张按照同等条件购买转让股权的,人民法院不予支持。

综上所述,当股东的优先购买权受到侵犯时,股东可向人民法院提起

确认该股权转让合同不生效,并要求行使优先购买权的诉讼。但是这种权利行使是有期限的,应当自知道或者应当知道行使优先购买权的同等条件之日起 30 日内或者自股权变更登记之日起一年内。

案例解析

案例 3　股东的优先购买权

> A 公司成立于 2004 年,注册资本 100 万元,甲、乙、丙、丁四股东各占 25% 的股份,2006 年 1 月 8 日,甲股东决定转让其所持股份,并于当日书面通知其他股东,其他股东对此不置可否;2006 年 2 月 8 日,甲将其股份以 50 万元的价格转让给第三人戊,股权转让合同约定甲应当在 1 个月内办妥股权变更手续,戊应当在签订合同当日支付股权转让费 25 万元,其他部分款项应当在甲与 A 公司办妥股权变动手续后当日一次性支付。戊在签订合同当日即支付了合同约定款项;2006 年 3 月 8 日,乙股东主张甲与戊的转让合同无效,并要求优先购买甲的股份。该案涉及下述几个问题:
> (1) 甲与戊的股权转让合同是否无效?
> (2) 乙股东的主张是否能得到法律支持?
> (3) 一旦乙主张的优先购买权得到支持,戊如何主张权利?

针对上述问题分析如下:

(1) 甲与戊的股权转让合同是否无效?甲与戊的股权转让合同系当事人的真实意思表示,同时,甲的股权转让意向已经按照提前 30 天的规定告知其他股东,未得到否定表示,视为同意。因此,甲与戊的股权转让合同当然有效。但需要注意的是,股权转让合同有效不一定必然产生股权变动的效果,前者涉及的是合同的效力问题,后者则涉及公司法的问题,二者不能混同。

(2) 乙股东能否行使优先购买权?根据《公司法》的规定,基于有限责任公司人合性的特征,其可以行使该项权利。因此,在同等条件下其可以优先购买甲股东的股权。

(3) 一旦乙股东行使优先购买权,第三人戊将无缘取得甲的该股权,戊只能依据《股权转让协议》向甲主张转让股权不能的违约责任。因此,作为第三人收购其他公司的相关股权,可能因为出让方公司的股东行使优先购买权而目的落空,如果想通过股权收购而达到兼并或控股其他公司,在签订《股权转让合同》时,如何才能防范股权收购的风险与达到收购的目的呢,这涉及股权收购的法律技巧问题。

第四节
签订股权转让合同应注意的问题

在公司股权转让过程中,股权转让合同的签订尤为重要。股权转让订立合同时,除应遵守《合同法》的规定之外,还应遵守《公司法》的规定。《公司法》对股份有限公司的股份转让作了一些限制性规定(参见本章第一节),除了法律限制性规定之外,如果公司章程对股东转让股权或股份,有特别限制和要求的,股东订立股权转让合同时,不得违反这些规定。

鉴于股权转让过程中存在的诸多不确定因素,在签订股权转让合同时应当注意以下几个方面的问题:

一、股权转让的合法性

(1)要确定转让人对该股权是否享有合法的所有权,是否有权处分该股权。这需要调查工商行政管理机关登记的档案资料,核实转让人是否登记在股东名册中,取得股权的方式是否合法。

(2)转让人转让股权是否存在法律障碍。主要审查转让人转让股权是否存在《公司法》禁止转让的情形,公司章程对该股权转让是否有限制性约定。

(3)注意有限责任公司其他股东优先购买权的问题。为了避免因为侵犯其他股东优先购买权而导致股权转让无效的法律风险,在签订股权转让合同时,应当取得公司全体股东一致同意股权转让的股东会决议。

二、对目标公司尽职调查

明晰股权结构,确认转让的份额后,应请国家认可的资产评估机构对被收购公司的资产及权益进行评估,出具评估报告。对公司的财务状况及价值有一个清晰的认识,为确定股权转让价款提供参考依据。

对目标公司的调查可以委托律师进行,调查事项主要包括如下(见表8-1所示):

表8-1 目标公司尽职调查清单

(一) 公司及其关联方的基本情况	
1	公司及其关联方的组织性文件: (1)营业执照; (2)组织机构代码证; (3)现行有效的章程; (4)主管部门的审批文件(如有); (5)《外商投资企业批准证书》。
2	公司及其关联方的工商登记资料。
3	如果公司及其关联方近3个月进行过工商变更登记,还需提供公司及其关联方近3个月进行工商变更登记的全套工商登记资料。
4	工商行政管理机关提供的列明公司及其关联方基本情况(包括注册资本、成立日期、经营范围、经营期限、股东及其出资情况、股权是否质押或被查封等)的信息查询电脑单。
5	公司及其关联方与第三方签署的合作经营协议。
(二) 股东及实际控制人	
6	公司及其关联方法人股东的全套工商登记资料以及现行营业执照,工商机关打印的列明其目前股东及其出资情况的电脑单;如公司及其关联方股东为境外股东的,应提供该股东的最新注册登记材料(包括但不限于商业登记证及公司注册署的查册资料)。
7	如上述法人股东的股东为法人单位,请提供该等法人单位最新的营业执照和章程,直至追溯到最终自然人。
8	公司及其关联方最终自然人股东的身份证复印件或其他身份证明文件,以及其个人履历。
9	公司及其关联方的股权中是否存在通过委托、信托等方式进行股权代持的情形,如存在,请提供相关的协议、资料。
10	公司及其关联方的各个股东之间是否存在一致行动人,如存在,请提供相关的协议、资料。

(续表)

11	请说明公司及其关联方的股东、间接持有公司股权的法人或自然人之间是否存在持股、任职及亲属关系。
12	请提供每个自然人股东、间接持有公司及其关联方股权的自然人及其亲属目前在公司及其关联方的任职情况。
13	股东所持公司及其关联方股权如存在被质押、冻结或其他权利受限制的情况,请提供质押登记、司法裁定等相关文件。
14	公司及其关联方主要股东持有的公司及其关联方股权目前是否存在权属纠纷情况。
(三)董事、监事及高级管理人员	
15	公司及其关联方现任董事、监事及高级管理人员名单,并列出其目前的全部任职情况(包括在公司及其他单位的各项任职)。
16	前述人员的身份证复印件和个人履历。
17	公司及其关联方的董事、监事及高级管理人员相互之间是否存在亲属关系。
18	公司及其关联方近3年来董事、监事及高级管理人员的变动情况,并提供与前述人员变动有关的历次股东(大)会决议、董事会决议、职代会推举文件、股东委派文件或辞职文件。
19	公司及其关联方与其董事、监事、高级管理人员之间是否签订有聘用协议或作出过任何承诺文件。
20	公司及其关联方的高级管理人员如存在在股东单位、实际控制人或其控制的其他企业兼职的情况,请提供有关人员最近一年从兼职企业领取收入的情况,以及所享受的其他待遇、退休金计划等。
21	公司及其关联方的董事、监事及高级管理人员分别就其是否存在《公司法》第146条规定的不得担任公司董事、监事、高级管理人员的情况作出书面说明。
22	请公司及其关联方的董事、监事及高级管理人员分别就其个人及直系亲属是否存在自营或为他人经营与公司同类业务的情况,是否存在与公司利益发生冲突的对外投资作出书面说明。
23	公司及其关联方若已设有独立董事,请独立董事就其与公司及公司的股东是否存在可能妨碍其进行独立客观判断的关系作出书面说明。
(四)组织架构和法人治理	
24	公司内部组织架构图。
25	近3年来公司章程的历次修改是否办理工商备案登记手续。

(续表)

26	公司近3年来未在工商局办理备案登记手续的历次股东(大)会、董事会及监事会决议。
(五) 业务	
27	公司及其关联方各项主营业务的内容、经营模式和操作流程。
28	公司业务运作相关的各项资质。
29	公司重大合同(包括但不限于路桥施工合同;勘察、设计、监理、咨询合同清单;重大设备采购合同;境内外工程承包合同)。
(六) 主要资产及对外投资	
30	公司土地使用权和房产、建筑物产权(包括拥有的、占用的房产建筑物和土地)清单(请注明地址、面积、用途及使用年限),并提供下列文件: (1) 已建成的建筑物 ① 全部的划拨土地的国有土地使用证或用地批准文件(没有国有土地证时提供); ② 全部的出让土地的招拍挂文件、国有土地出让合同和国有土地使用证; ③ 全部的土地使用费和土地出让金、契税交纳凭证; ④ 全部的房产建筑物的所有权证; ⑤ 有关土地、建筑物的抵押合同及其登记手续(如有)。 (2) 在建的建筑物 ① 全部的划拨土地的国有土地使用证或用地批准文件(没有国有土地证时提供); ② 全部的出让土地的招拍挂文件、国有土地出让合同和国有土地使用证; ③ 全部的土地使用费和土地出让金、契税交纳凭证; ④ 立项文件、报建的规划、建设批准文件; ⑤ 主体工程建设合同; ⑥ 有关土地、建筑物的抵押合同及其登记手续(如有)。 如存在占用农村集体土地的情况,请提供相关的用地批准文件、征地协议等。
31	公司及其关联方如存在已签订合同的拟取得土地、房产,请说明付款情况及预计取得产权证的时间,提供购置合同及付款凭证。
32	有关租赁的土地、建筑物的文件: (1) 租赁的土地、建筑物清单。 (2) 土地、建筑物租赁协议及其租赁登记文件。 (3) 租赁土地的土地使用证。 (4) 租赁建筑物的房产证。 (5) 租赁建筑物业主的房屋租赁许可证。
33	公司使用他人拥有的土地、房产的情况,请说明并提供相关的协议。

(续表)

34	公司及其关联方自有资产清单(土地、房产除外)和资产评估文件,包括但不限于公司及其关联方生产经营使用的主要设备。
35	公司及其关联方租赁资产清单。
36	企业对其资产以分期付款购买、信贷、租赁等方式拥有或使用的全部合同文件。
37	公司及其关联方拥有的商标、专利及其他无形资产的产权证书。
38	公司及其关联方如存在正在申请注册登记的商标、专利,请提供主管机关受理申请的通知书。
39	公司及其关联方如存在授权他人或受他人授权使用的商标、专利、其他无形资产的情形,请提供相关的协议及权利证书。
40	公司及其关联方如存在委托他人或受他人委托管理资产的情形,请提供相关文件。
41	公司及其关联方拥有的资产如存在设定抵押、质押的情形,请提供相关文件(包括主债务合同、抵押合同、质押合同及他项权利证书等)。
42	公司及其关联方拥有的资产如存在被冻结或其他权利受限制的情形,请提供相关文件。
43	公司及其关联方拥有的资产如存在任何争议或纠纷,请提供相关文件。
44	企业持有其他企业股份或资产的全部权属证明文件。
45	企业长期投资清单(包括证明对其拥有股份或资产所有权的企业的成立时间、运营及筹建情况、企业对上述企业之持股比例等全部文件,包括成立时的批准文件、有效的并标明通过工商年检的营业执照、章程、合同、验资报告、资金担保等)。
46	企业从其持股企业获取利润或为其提供资金担保等情况的有关文件。
(七)重大债权债务	
47	公司及其关联方尚未到期(以及已到期未偿还)的所有贷款(包括大额承兑票据)明细,并提供相关借款合同、授信合同及承兑协议;就授信合同,请说明根据该授信,公司及其关联方目前在债权银行的贷款余额;请提供与公司及其关联方各项融资相关的担保协议(包括相关的反担保文件)。
48	公司及其关联方如存在对外担保的情形,请提供主债务合同、担保合同及反担保文件(如有)。
49	公司及其关联方如存在资金被股东占用的情形(包括经营性占用和非经营性占用),请说明形成原因和目前的余额,并提供相关文件。

（续表）

50	公司及其关联方最近一个月月末其他应收款、其他应付款、预收及预付账款的余额及其中的大额款项明细，说明其中大额款项的形成原因，并提供相关文件。
51	公司及其关联方最近3年来如存在委托理财、委托贷款等行为，请提供相关合同及公司及其关联方内部的决策文件，说明目前的进展情况。
52	请提供任何其他尚在存续期内、对公司及其关联方的业务活动有或可能有重大影响的合同或安排性文件(如有)。
（八）关联交易和同业竞争	
53	直接或者间接控制的公司及其关联方以外的法人名单。
54	就任何直接或者间接持有公司及其关联方5%以上股权的自然人以及公司董事、监事和高级管理人员，请列出其直接或者间接控制的，或者由其担任董事、高级管理人员的公司及其关联方以外的法人名单。
55	前两条所述之关联法人的现行营业执照以及从主管工商机关打印的列明其目前股东及出资情况的电脑单(或证明)。
56	公司及其关联方最近3年来发生的关联交易种类、交易内容和交易金额。
57	若公司及其关联方存在向关联方购买原材料，以及出售产品、商品等与日常经营相关的经常性关联交易，请提供最近3年来公司及其关联方向关联方采购额占公司采购总额的比例、向关联方销售产生的收入占公司主营业务收入的比例。
58	公司及其关联方最近3年来的关联交易协议及董事会、股东(大)会的决策文件(对于采购、销售等方面的经常性关联交易，可只提供一份标准合同样本)。
59	请提供公司及其关联方最近3年来每项关联交易的定价依据，如审计报告、评估报告或同类交易的市场价格数据等。
60	公司及其关联方控股股东、实际控制人及其控制的各主要企业的实际业务范围和生产经营情况，若存在经营与公司及其关联方现有主营业务相同或相类似业务的情形，请说明其业务性质、客户对象、与公司及其关联方产品的可替代性以及与公司及其关联方业务是否存在地域划分等情况。
（九）税务及财政补贴	
61	公司最近3个年度的原始财务报表(包括但不限于：资产负债表、现金流量表、利润表等)。
62	近3个年度的审计报告。

(续表)

63	公司最近一期的资产负债表。
64	公司近3个年度的纳税情况及完税凭证(包括但不限于增值税、城建税、教育费附加税、企业所得税、房产税、土地使用税、个人所得税交款凭证)。
65	公司及其关联方的现行税务登记证。
66	公司及其关联方目前适用的主要税种和税率。
67	公司及其关联方最近3年来如享受任何税收优惠,请提供税务主管机关的批文。
68	公司及其关联方目前如有任何未正常缴纳的税项,或与税务主管机关有任何存在争议的税务问题,请说明原因及拟采取的处理措施。
69	公司及其关联方最近3年来如存在被税务主管机关处罚的情形,请提供相关的税务处理决定书。
70	公司及其关联方最近3年来取得的财政补贴明细,提供相关的合同和批文,并说明相关款项的会计处理方式。
(十)环境保护和安全生产	
71	公司及其关联方经营活动产生的主要污染物和排放方式,所采取的环保措施。
72	包括其拥有及租赁的房地产在内的所有项目之建设和生产的任何环境影响报告书、环境评价报告及环保部门的审批意见,包括但不限于对水资源、水污染(工业用水及生活用水)、大气污染、土壤污染的综合或独立的环境影响报告和审批意见。
73	包括其拥有及租赁的房地产在内的所有项目的防治污染设施、设备之竣工验收合格证明及其设计和被批准使用年限的文件以及其改装或拆除之批准文件。
74	包括其拥有及租赁的房地产在内的所有项目的排污登记以及排污许可证及河道等其他与环保相关的部门同意设置排污口并排污的文件。
75	自行处理污染物,包括但不限于收集、贮存、运输、处理的全部政府授权、执照、批准许可。
76	委托他人进行污染物处理的合同、意向书、履行情况说明及该受托方之合法存续证明及有权进行污染物处理之全部政府授权、证照、批准、许可。
77	所有的对外签署的涉及环保之合同、意向书、承诺书与文件,包括但不限于受让、转让、出租或出借排污设施之合同及意向书,与他人签订之环保谅解协议、备忘录。

(续表)

78	公司及其关联方最近3年来如存在违反有关环境保护的规定而遭受处罚的情况,请提供相关的处罚决定。
79	请提供公司及其关联方所持有的《安全生产许可证》《取水许可证》。
80	公司及其关联方最近3年是否发生安全生产事故,如有,请提供相关的事故调查报告、政府主管部门的事故认定文件及处理方案、与死(伤)人员或其家属达成的补偿协议、补偿款支付凭证。
81	公司及其关联方近3年是否存在被安全生产监督管理部门处罚或要求整改的情况,如有,请提供相关的处罚通知书(整改通知书)、罚款缴纳凭证、整改验收证明。
(十一)重大诉讼、仲裁和行政处罚	
82	公司及其关联方目前是否存在尚未了结的重大诉讼、仲裁案件。
83	公司及其关联方目前是否涉及任何政府调查程序,请说明有关情况并提供相关文件。
84	公司及其关联方的控股股东、实际控制人、董事长及总经理目前如存在尚未了结的诉讼、仲裁案件,请说明有关情况并提供相关文件。
85	除已经问及的税务、环保、安全生产等方面外,公司及其关联方最近3年来在业务运作的其他方面如存在被主管机关作出处罚的情形,请说明有关情况并提供相关文件。
(十二)员工	
86	公司与员工签署的劳动合同的样本、集体合同。
87	公司劳动制度。
88	公司及其关联方的雇员状况,包括员工数量、按学历分类情况和按岗位分类情况。
89	公司社保登记证和员工缴纳"五险一金"情况说明(包括但不限于缴费人员、缴费基数、缴费比例等)。
90	公司是否实施了员工(工会)持股计划或职工集资?如有,请列出清单并简要说明,并提供相关文件。
91	说明是否按照规定足额为员工缴纳住房公积金,如存在欠缴情况请给予说明。
92	说明是否足额为员工缴纳适用的各种社会保险费用,如存在欠缴请给予说明。
93	有关劳动安全卫生许可、劳动保护措施和职业病预防符合规定和当地要求的文件。

(续表)

94	请概括说明公司及其关联方与员工之间劳动合同的签署情况、公司及其关联方对人事档案的管理情况。
95	公司及其关联方社保开户登记资料。
96	公司及其关联方如已实施或计划实施股权激励方案,请提供该方案或其主要内容,说明进展情况。
97	公司与员工是否发生过劳资纠纷?
98	请说明公司及其关联方近3年是否存在欠缴社保费及遭受社保行政处罚的情况,如有,请提供相关的行政处罚通知书(整改通知书)、罚款缴纳凭证。
99	公司工会的简介(如工会主席、工会的组织机构、职能)。
100	公司党组织简介。

三、受让方的资信调查

就转让方而言,受让方的资信情况十分重要,这直接关系到合同目的能否实现。在对资信状况并不十分满意的情况下,应当采取股权转让价款在短时间内一次性支付或股权转让款未支付完毕之前拒绝办理股权变更登记的方式,也可以由其提供充分有效的担保,最大限度地降低转让风险。

四、相互承诺和保证

1. 股权转让合同的出让方应向受让方所作的保证

(1) 其主体资格合法,有出让股权的权利能力与行为能力;

(2) 保证本次转让股权活动中所提及的文件均合法有效;

(3) 保证其转让的股权完整,未设定任何担保、抵押及其他第三方权益;

(4) 如股权转让合同中涉及土地使用权问题,出让方应当保证所拥有的土地使用权及房屋所有权,均系经合法方式取得,并合法拥有,可以被依法自由转让;

(5) 出让方应向受让方保证除已列举的债务外,无任何其他负债;

(6) 保证因涉及股权交割日以前的事实所产生的诉讼或仲裁由出让方承担。

2. 股权转让合同受让方应向出让方所作的保证

（1）其主体资格合法，能独立承担受让股权所产生的合同义务或法律责任；

（2）保证支付股权转让的资金来源合法，有充分的履约资金及资产承担转让价款；

（3）保证按时付款，不拖不欠；

（4）受让方的担保人具有法定保证资格和保证能力。

第九章

公司如何上市

引言：公司上市是公司经营业绩良好的表现，也是公司谋求更大发展空间的平台。通过上市，公司可以筹集更多的资金，投资于有前景的生产建设项目，壮大规模，更快地发展。从我国法律法规的规定来看，我国对上市公司应当具备的条件要求的还是相当严格的，只有严格限定上市公司的入门资格，才能保证真正具有实力和发展潜力的公司到市场上募集资金，促进资本市场的健康发展和良性循环。

本章主要介绍公司上市的条件、程序，以及公司获准上市后的交易。

第九章
公司如何上市
* * * * *

第一节
公司上市的条件

一、公司的主体资格

从公司的组织形式上看,公司分为有限责任公司和股份有限公司。只有股份有限公司才具备上市的基础条件。因此,如果有限责任公司有上市的发展需要,首先进行的就是股份制改造,将有限责任公司改造成股份有限公司。如果有限责任公司不改造成股份有限公司,有限责任公司本身是不能上市的。具体而言,公司要想上市,应当符合下列条件:

1. 从公司的经营状态看

(1) 对公司的经营期限有严格要求,公司必须持续经营3年以上。有限责任公司按原账面净资产整体折股,改制变更设立的股份有限公司的经营期限可以连续计算。

(2) 公司的生产经营范围要合法、合规,并且符合国家的产业政策。

(3) 公司最近3年的主营业务和董事、高级管理人员未发生重大变化。

2. 从公司的设立上看

公司的股东出资按时到位,不存在虚假出资的情况,如果发起人或者股东是以实物出资的,应当办理完成财产所有权的转移手续,即已经将出资的财产由出资人名下转移到公司名下。公司的股权清晰,不存在权属争议。

3. 从公司的股本数额来看

公司注册登记显示的注册资本不少于3000万元,公司公开发行的股份达到公司股份总数的25%以上;公司股本总额超过人民币4亿元的,公开发行股份的比例为10%以上。

二、公司的独立性

公司的独立性,主要考察公司是否被大股东、实际控制人非法控制,是否侵犯了中小股东的合法权益。公司在独立性方面应当符合以下条件:

1. 公司的资产独立

公司应当有自己的资产,并且该资产与公司的生产经营相配套。

2. 公司的人员独立

公司的总经理、副总经理、财务总监、董事会秘书等高级管理人员未在控股股东公司任职;公司应当有自己的员工。

3. 公司的财务独立

公司要有自己的财务体系,能够独立作出财务决策,有自己独立的银行账户,不存在与控股股东共用银行账户的情形。

4. 公司的业务独立

公司与控股股东、实际控制人之间不存在不正当的关联交易,公司业务不依赖于控股股东或者实际控制人。

三、公司规范运行

公司已经依法建立了股东大会、董事会、监事会等决策机构,并制订了股东大会议事规则、董事会议事规则和监事会议事规则,公司能够按照制度规范运行。公司的董事、监事和高级管理人员没有受过严重的行政处罚,也没有受过刑事处罚。公司自身在上市前的最近36个月内没有受到过工商、税务、环保等部门的行政处罚,也没有涉嫌刑事犯罪被立案侦查;没有未经合法机关批准,擅自发行证券或者变相发行证券的情形等。公司章程中已明确对外担保由谁审批,以及具体的审批程序等。公司有严格的资金管理制度,资金不能有被控股股东、实际控制人及其控制的其他企业以借款、代偿债务、代垫款项或者其他方式占用的情形。

四、公司的财务与会计

1. 从财务角度看

对于上市公司来说,首先要求公司的业绩良好,即公司具有良好的资产,资产负债率合理,现金流正常;公司不能有影响持续盈利能力的情形;公司应当依法纳税。具体来说,公司应当符合下列条件:

(1) 最近3个会计年度净利润均为正数且累计超过人民币3000万

元,净利润以扣除非经常性损益前后较低者为计算依据。

(2) 最近3个会计年度经营活动产生的现金流量净额累计超过人民币5000万元;或者最近3个会计年度营业收入累计超过人民币3亿元。

(3) 发行前股本总额不少于人民币3000万元。

(4) 最近一期期末无形资产(扣除土地使用权、水面养殖权和采矿权等后)占净资产的比例不高于20%。

(5) 最近一期期末不存在未弥补亏损。

2. 从会计角度看

公司应当建立规范的会计制度,财务报表以真实发生的交易为基础,没有篡改财务报表的情况,没有操纵、伪造或篡改编制财务报表所依据的会计记录或者相关凭证的情形等。

五、募集资金的运用

公司上市的主要目的是募集资金,投资于公司的发展项目,资金募集后,公司要严格按照预先制定好的募集资金用途使用。因此,在考察公司是否具备上市资格时,对于公司募集资金的运用也是非常主要的一项考核标准。

(1) 公司应该制定募集资金投资项目的可行性研究报告,说明拟投资项目的建设情况和发展前景。

(2) 公司募集资金的运用应当有明确的使用方向,原则上用于公司的主营业务。

(3) 募集资金投资项目应当符合国家产业政策、投资管理、环境保护、土地管理以及其他法律、法规和规章的规定。同时,公司要建立募集资金专项存储制度,募集资金应当存放于董事会决定的专项账户中。

第二节
公司上市的程序

一、上市前的准备工作

公司上市前,需要聘请有资质的证券公司作为公司发行上市的保荐机构,聘请具有证券从业资质的会计师事务所,作为公司发行上市的审计机构,聘请业绩良好的律师事务所作为公司发行上市的专项法律顾问。上述3个中介机构在公司发行上市程序中,各司其职,是必不可少的。其中,保荐机构的职责是首先给计划上市的股份公司进行上市前的辅导,也就是教会准备上市的公司怎样做好一个上市公司。然后,要协助上市公司准备好上市材料。其中,招股说明书是公司上市最重要的核心文件,由券商起草。在发行新股过程中,要为上市公司提供全面承销服务,保证上市股票全部承销。证券公司是公司上市的总指挥,居于主导地位,在公司符合上市条件时,为公司出具招股说明书。审计机构为公司上市出具审计报告,律师为公司上市出具律师工作报告和法律意见书。

二、公司上市的程序

董事会应当依法就本次股票发行的具体方案、本次募集资金使用的可行性及其他必须明确的事项作出决议,并提请股东大会批准。

公司股东大会就公司上市作出的决议,至少应当包括下列事项:

(1) 本次发行股票的种类和数量;
(2) 发行对象;
(3) 价格区间或者定价方式;
(4) 募集资金的用途;
(5) 发行前滚存利润的分配方案;
(6) 决议的有效期;
(7) 对董事会办理本次发行具体事宜的授权;
(8) 其他必须明确的事项。

上述股东大会审议的决议议案基本上是由保荐人协助公司起草的,保荐人会根据公司的具体运营状况,建议公司如何具体确定。

> **律师提示**
>
> 由于公司召开股东大会的程序更为严格和复杂,除了重大事项需要提交股东大会审议外,公司的其他事项可以由负责公司日常事项的董事会审议。因此,在公司上市的程序中,公司股东大会可以将某些事项的决定授权给董事会。

公司上市实践中,股东大会授权董事会办理的事项包括:

(1) 办理本次股票发行和上市的申报事宜。根据公司的实际状况和市场情况,在股东大会审议通过的发行范围内决定发行数量、发行价格、发行方式、发行对象等事宜;在本次发行完成后,对涉及注册资本变更等公司章程的有关条款进行修改并办理工商变更登记;办理与本次发行和上市有关的事项。授权的有效期为1年。

(2) 设立募集资金专项账户,专门用于募集资金的存储。

(3) 保荐人制作招股说明书,审计事务所出具公司近3年的审计报告,律师出具律师工作报告和法律意见书。这些文件的制作是公司上市中的主要事务,贯穿公司向证监会报送材料准备工作的始终。

(4) 公司公开发行新股,应当向国务院证券监督管理机构报送募股申请和下列文件:① 公司营业执照;② 公司章程;③ 股东大会决议;④ 招股说明书;⑤ 财务审计报告、律师工作报告和法律意见书;⑥ 代收股款银行的名称及地址;⑦ 承销机构名称及有关的协议。

保荐人向中国证监会提交后,排期等待证监会审核。证监会应当在收到材料之后的5个工作日内作出是否受理的决定。

(5) 中国证监会受理申请文件后,由相关职能部门对发行人的申请文件进行初审。中国证监会在初审过程中,将征求公司注册地省级人民政府是否同意发行人发行股票的意见,并就发行人的募集资金投资项目是否符合国家产业政策和投资管理的规定征求国家发展和改革委员会的意见。然后,由发行审核委员会审核,7名发行审核委员进行充分讨论后,以记名投票方式对股票发行申请进行表决,同意票数达到5票为通过。

(6) 自中国证监会核准发行之日起,公司应在6个月内发行股票。超过6个月未发行的,核准文件失效,须重新经中国证监会核准后方可发行。

(7) 股票发行申请未获核准的,自中国证监会作出不予核准决定之日起6个月后,公司可再次提出股票发行申请。

三、公司上市的信息披露

公司上市的一个重要事项就是信息披露,信息披露不仅在公司上市审核阶段,而且在公司上市后都是非常重要的。真实准确的信息披露能够让发行审核委员会以及股票投资人较为清晰地了解公司经营的真实状况,以便作出投资决策。只有这样,才能保证证券市场的良好运行。

在公司上市中,招股说明书的编制和披露就是公司信息披露最好的媒介。招股说明书内容与格式准则是信息披露的最低要求。不论准则是否有明确规定,凡是对投资者作出投资决策有重大影响的信息,均应当予以披露。公司及其全体董事、监事和高级管理人员应当在招股说明书上签字、盖章,保证招股说明书的内容真实、准确、完整。保荐人及其保荐代表人应当对招股说明书的真实性、准确性、完整性进行核查,并在核查意见上签字、盖章。招股说明书中引用的财务报表在其最近一期截止日后6个月内有效。在特别情况下,公司可申请适当延长,但至多不超过1个月。财务报表应当以年度末、半年度末或者季度末为截止日。

招股说明书的有效期为6个月,自中国证监会核准发行申请前招股说明书最后一次签署之日起计算。文件受理后、发行审核委员会审核前,发行人应当将招股说明书(申报稿)在中国证监会网站(www.csrc.gov.cn)预先披露。发行人可以将招股说明书(申报稿)刊登于其企业网站,但披露的内容应当完全一致,且不得早于在中国证监会网站的披露时间。预先披露的招股说明书(申报稿)不是公司发行股票的正式文件,不能含有价格信息,发行人不得据此发行股票。公司应当在发行前将招股说明书摘要刊登于至少一种中国证监会指定的报刊上,同时将招股说明书全文刊登于中国证监会指定的网站,并将招股说明书全文置备于发行人住所、拟上市证券交易所、保荐人、主承销商和其他承销机构的住所,以备公众查阅。公司可以将招股说明书摘要、招股说明书全文、有关备查文件刊登于其他报刊和网站,但披露内容应当完全一致,且不得早于在中国证监会指定报刊和网站的披露时间。

公司应当在预先披露的招股说明书(申报稿)的显要位置声明:"本公司的发行申请尚未得到中国证监会核准。本招股说明书(申报稿)不具有据以发行股票的法律效力,仅供预先披露之用。投资者应当以正式公告的招股说明书全文作为作出投资决定的依据。"

第三节
公司上市获准后的股票发行与上市

一、股票发行

公司上市申请获准后,要在中国证监会审核批准后6个月内向证券交易所申请上市交易。以深圳证券交易所为例,主要包括以下程序:

(1) 公司在中国证券报、深圳证券交易所网站以及巨潮资讯网刊登招股说明书摘要及发行公告。

(2) 公司通过网络采用网上直播方式进行发行路演,一般来讲,参加网络路演的主要是公司的高级管理人员、保荐代表人等,在路演过程中,公司的人员以及保荐代表人要对网友提出的问题给予回答。

(3) 网络路演后,投资者对公司有了进一步的了解,可以决定是否申购公司发行的股票,有意购买的投资者可以在指定的期限内申购股票。

(4) 证券交易所对投资者的有效申购进行配号,将配号结果传输给各证券营业部。接收后,证券营业部公布配号结果。

(5) 主承销商(一般是保荐机构)组织摇号抽签。

(6) 主承销商在中国证券报上公布中签结果,证券营业部张贴中签结果公告。

(7) 向中签投资者收取新股认购款。

(8) 中国证券登记结算公司深圳分公司进行清算交割和股东登记,并将募集资金划入主承销商指定账户。

(9) 承销商将募集资金划入公司为募集资金开立的指定账户。

(10) 聘请会计师事务所对发行新股的资金进行验资。

二、股票上市

(1) 拟定股票代码与股票简称。股票发行申请文件通过发审会后,公司即可提出股票代码与股票简称的申请,报交易所核定。

(2) 上市申请。发行人股票发行完毕后,应及时向交易所上市委员会提出上市申请,同时提交律师出具的公司在交易所上市的法律意见书。

(3) 审查批准。证券交易所上市委员会在收到上市申请文件并审查完毕后，发出上市通知书。

(4) 签订上市协议书。公司在收到上市通知后，应当与交易所签订上市协议书，明确在公司上市的过程中公司应当履行哪些义务，享有哪些权利，交易所应当提供哪些服务以及对上市公司如何管理。

(5) 披露上市公告书。公司在股票挂牌前3个工作日内，将上市公告书刊登在中国证券报上。

(6) 股票挂牌交易。申请上市的股票将根据交易所安排和上市公告书披露的上市日期挂牌交易。一般要求，股票发行后7个交易日内挂牌上市。

三、公司上市中股东、董事、监事和高级管理人员的承诺

持有公司大部分股权的股东应当承诺，自公司变更登记手续完成之日起36个月内不转让且不委托他人管理所持股份，也不要求公司回购所持股份。公司的其他股东应当承诺自公司股票上市之日起12个月内，不转让或者委托他人管理其持有的发行人股份，也不要求发行人回购其持有的股份。

上市公司的董事、监事和高级管理人员应当在股票首次上市前，签署一式三份《董事(监事、高级管理人员)声明及承诺书》，并报律师事务所和公司董事会备案。声明的内容包括：持有本公司股票的情况；有无因违反法律、行政法规、部门规章、规则受查处的情况；参加证券业务培训的情况；其他任职情况和最近5年的工作经历；拥有其他国家或地区的国籍、长期居留权的情况等。董事、监事和高级管理人员应当保证《董事(监事、高级管理人员)声明及承诺书》中声明事项的真实、准确、完整，不存在虚假记载、误导性陈述或重大遗漏。

除此以外，对董事、监事和高级管理人员而言，更为重要的承诺是关于锁定其所持有的股票上市交易的承诺，包括在其任职期间每年转让的股份不超过其所持公司股份总数的25%，离职后半年内不转让其所持有的公司股份。

律师提示

以上是对公司上市过程的简要介绍。在实践中,公司上市的程序非常复杂,并非是仅仅根据本章的简单介绍就能够完成的。公司上市时应当根据当时法律、法规的变化情况和中国证监会的要求进行调整,并就具体事宜咨询券商和律师。

第十章

公司变更登记及备案

引言：有限责任公司成立后，在运营中会发生许多变化，涉及一些重大事项时，应该到原工商登记机关办理变更登记。只有办理了变更登记，变更事项在法律上才能生效。

本章主要介绍有限责任公司变更登记事项及应提交的文件、有限责任公司申请备案应提交的文件、证件。

第十章
公司变更登记及备案
* * * * *

第一节
有限责任公司变更登记事项及应提交的文件

一、变更登记的范围

有限责任公司成立后,在实际运营中,会发生许多变化,涉及一些重大事项时,应该到原工商登记机关办理变更登记。只有办理了变更登记,变更事项在法律上才能生效,否则变更事项并不生效。

需要变更登记的事项有:变更公司名称、变更公司住所、变更法定代表人、增加注册资本、减少注册资本、变更实收资本、变更出资方式、变更经营范围、变更股东、变更营业期限、变更董事长、变更经理、变更监事等。当您的公司发生上述变更时,一定要到原工商登记机关办理变更登记。

二、有限责任公司变更登记应提交的文件

1. 有限责任公司变更登记应提交的文件、证件

(1)《企业变更登记申请书》。内含《企业变更登记申请表》《变更后单位投资者(单位股东、发起人)名录》《变更后自然人股东(发起人)、个人独资企业投资人、合伙企业合伙人名录》《变更后投资者注册资本(注册资金、出资额)缴付情况》《企业法定代表人登记表》《董事会成员、经理、监事任职证明》《企业住所证明》等表格。请根据不同变更事项填妥相应内容。

(2)《指定(委托)书》。

(3)《企业法人营业执照》正、副本。

(4) 变更下列事项的,需要提交相关文件、证件:

① 变更公司名称,应提交《企业名称变更预先核准通知书》及《预核准名称投资人名录表》;同意名称变更的股东会决议或一人有限责任公司

股东作出的决定;修改后的章程或章程修正案(由公司法定代表人亲笔签字并加盖公司公章)。

② 变更住所,应提交住所使用证明(一般应为产权人签字或盖章的房产证复印件;产权人为自然人的应亲笔签字,产权人为单位的应加盖公章)。住所应为有房产证的合法建筑,且房产证上记载的用途应与注册公司的使用用途一致。

③ 变更法定代表人,应提交股东会关于变更法定代表人的决定或者董事会关于变更法定代表人的决议。一人有限责任公司变更法定代表人时,应提交股东作出的决定。

④ 增加注册资本,应提交股东会关于增加注册资本的决议或一人有限责任公司股东作出的决定;修改后的章程或章程修正案(由公司法定代表人亲笔签字并加盖公司公章)。

⑤ 减少注册资本,应提交股东会关于减少注册资本的决议或一人有限责任公司股东作出的决定;公开发行的报纸上有关减资公告的报样(自公告之日起45日后,方受理减资申请);公司债务清偿或者担保情况的说明;修改后的章程或章程修正案(由公司法定代表人亲笔签字并加盖公司公章)。

⑥ 股东转让股权,应提交股东会关于转让股权的决议(股东之间转让全部或部分股权的可不提交决议);股权转让协议;涉及国有产权转让的,应提交产权交易所出具的《产权交易凭证》;涉及中央国有产权转让的,应提交中央企业国有产权交易试点机构出具的《产权交易凭证》;涉及外埠国有产权转让的,可依据国有产权属地政府的有关规定,提交规定的产权交易机构出具的产权转让交割文件或国有资产管理部门出具的产权转让批准文件;股东发生变化的,应提交新股东的资格证明;修改后的章程或章程修正案(由公司法定代表人亲笔签字并加盖公司公章)。

⑦ 变更经营范围,且新增经营项目涉及前置许可的,应提交有关审批部门的批准文件。

⑧ 变更股东名称或姓名,应提交股东名称或姓名变更的证明(法人股东名称变更,由该股东的登记机关出具名称变更证明;自然人股东姓名变更,由其户口所在地的公安部门出具证明文件);变更后的股东资格证明。

⑨ 变更营业期限,应提交股东会决议或一人有限责任公司股东作出的决定;修改后的章程或章程修正案(由公司法定代表人亲笔签字并加盖

公司公章)。

⑩ 因增资或因跨登记管辖地迁移住所而变更登记管辖机关的,按以下步骤办理并提供材料:

步骤一,申请人向迁入地的登记机关提交变更材料,迁入地的登记机关受理后出具《受理通知书》及《企业迁移通知书》。

步骤二,企业将《企业迁移通知书》交到迁出地登记机关,迁出地登记机关向迁出企业出具《企业迁出核准通知书》;迁出地档案管理部门将登记档案采用挂号邮递方式邮至迁入地档案管理部门。

步骤三,迁入地登记机关以电话方式通知企业持《受理通知书》及《企业迁出核准通知书》,领取新的《营业执照》(或办理核驳手续)。

律师提示

公司变更登记事项涉及章程修改的,应提交公司法定代表人签字并加盖企业公章的修改后的章程,或者章程修正案一份。

涉及股东的姓名(名称)、出资时间、出资方式、出资额及董事、经理、监事发生变化的,还应提交打印的与公司修改后的章程载明内容一致的股东名录和董事、经理、监事成员名录各一份。

在办理法律、行政法规和国务院规定的变更登记事项前,需先办理许可文件变更的,应在办理变更登记时一并提交变更后的许可文件。

2. 分公司变更登记应提交的文件、证件

(1)《企业变更(改制)登记(备案)申请书》。内含《企业变更登记申请表》《企业负责人登记表》《企业经营场所证明》等表格。请根据不同变更事项填妥相应内容。

(2)《指定(委托)书》。

(3)《营业执照》正、副本。

(4)变更下列事项的,还需要提交以下文件、证件:

① 变更分公司名称,涉及公司名称变更的,应提交公司名称变更证明及加盖公司公章的《企业法人营业执照》复印件;《企业名称变更预先核准通知书》及《预核准名称投资人名录表》。

② 变更经营范围,应提交加盖公司公章的《企业法人营业执照》复印

件;新增经营项目涉及前置许可的,应提交有关审批部门的批准文件。

请注意的是,在办理法律、行政法规和国务院规定的变更登记事项前,需先办理许可文件变更的,应在办理变更登记时,一并提交变更后的许可文件。

第二节
有限责任公司申请备案应提交的文件、证件

一、登记备案

有限责任公司成立后,有许多事项需要到登记机关备案,备案既是对公司的行政管理,也是公司情形发生变化应办理的手续。公司向登记机关申请备案时,应提交以下文件或者证件:

(1)《企业变更备案申请书》。

(2)《指定(委托)书》。

(3) 根据不同的备案事项,还需要提交以下文件、证件:

① 修改章程备案的,需提交公司法定代表人签字并加盖企业公章的章程修正案或修改后的公司章程;股东会决议或一人有限责任公司股东作出的决定;加盖公司公章的《营业执照》复印件。

② 变更董事(含副董事长)、经理、监事备案的,需提交填妥的《企业变更备案申请书》中的《董事会成员、经理、监事任职证明》表;股东会决议或一人有限责任公司股东作出的决定或董事会决议;加盖公司公章的《营业执照》复印件。

③ 已设立分公司备案时,需提交加盖分公司公章的《营业执照》复印件;加盖公司公章的《企业法人营业执照》复印件。

④ 分公司名称变更备案时,需提交加盖分公司公章的《营业执照》复印件;分公司登记机关出具的名称变更证明;加盖公司公章的《企业法人营业执照》复印件。

⑤ 分公司已注销备案,需提交分公司登记机关出具的注销证明;加盖

公司公章的《企业法人营业执照》复印件。

⑥ 公司清算组备案的,需提交股东会决议或一人有限责任公司股东作出的关于成立清算组的决定;加盖公司公章的《营业执照》复印件。

⑦ 申请删除经营范围中相关内容的,需提交有关专项审批部门的批准文件证书复印件;《企业法人营业执照》正、副本。

二、补办《营业执照》

公司在经营中,应保存好公司《营业执照》,如果发生执照丢失、损毁,申请补发营业执照,应提交以下材料:

(1)《指定(委托)书》;
(2) 全体股东签署的情况说明;
(3) 公开发行的报纸上已登载执照挂失作废声明的报样;
(4)《更换、增(减)、补营业证照申请表》。

三、申请《营业执照》副本

如果公司申请增发《营业执照》副本,应向公司登记机关提交以下材料:

(1)《指定(委托)书》;
(2)《更换、增(减)、补营业证照申请表》;
(3) 原《企业法人营业执照》副本。

第十一章

公司如何终止

引言：公司终止就是公司解散。公司解散是指已成立的公司基于一定的合法事由而使公司消灭的法律行为。公司解散的原因有三大类：一类是一般解散的原因；一类是强制解散的原因；一类是股东请求解散。

本章主要介绍公司终止的条件、程序，注销登记，以及公司破产的相关知识。

第十一章
公司如何终止
* * * * *

第一节
公司终止的条件

公司终止就是公司解散,符合以下条件之一的公司,都可以办理终止手续。

一、公司章程规定的营业期限届满,股东不想继续经营公司

经营期限是根据股东经营公司的需要自由设定的,一般在公司章程中有明确记载,有的规定经营期限为10年或者20年,有的规定经营期限为30年。经营期限从公司营业执照签发日起计算,直至公司章程记载的期限为止。公司经营期限届满时即符合解散的条件,可以申请注销登记。例如,甲公司的营业执照核发之日为2009年1月8日,公司章程记载公司的经营期限为20年。公司应在2029年1月7日公司经营期限届满,如果甲公司的股东不想继续经营了,就可以到办理公司注册的工商行政管理机关办理公司注销登记手续。如果股东想继续经营,应该修改公司章程,延长公司经营期限,并到工商行政管理机关办理变更登记。只有办理了经营期限变更登记,公司才可以继续经营;否则,公司只能终止。

二、股东会或者股东大会决议解散

股东会是有限责任公司的重大事项的决策机构,股东大会是股份有限公司重大事项的决策机构。公司解散即意味着公司不再经营,是涉及公司是否存在的重大问题。因此,只有有限责任公司的股东会或者股份有限公司的股东大会,才能决定公司是否解散。如果公司的经营期限没有届满,也没有被吊销营业执照或者被责令关闭的情形,只是股东不愿意继续经营公司,就可以召开股东会或者股东大会,对公司解散形成决议。

股东会或者股东大会形成决议后,公司即可启动清算程序。

三、因公司合并或者分立而解散

公司合并,是指两个公司或两个以上公司订立合并协议,依照公司法规定的条件和程序,共同组成一个公司的法律行为。公司的合并可分为吸收合并和新设合并两种形式。吸收合并又称"兼并",它是指通过将一个或一个以上的公司并入另一个公司的方式而进行公司合并的一种法律行为。并入的公司解散,其法人资格消失;接受合并的公司继续存在,并办理变更登记手续。新设合并是指两个或两个以上的公司以消灭各自的法人资格为前提而合并组成一个公司的法律行为。其合并结果是:原有公司的法人资格均告消灭,新组建的公司办理设立登记手续,取得法人资格。

公司分立,是指一家公司通过签订协议,分立成为两个公司或者两个以上的公司。公司分立也有两种方式,一种是一家公司分立成两个或者两个以上的公司,原有公司终止;另一种是从一家公司中分立出另外一家公司,原有公司继续经营。在前一种公司分立的情形中,就存在原公司因分立而解散的情形。

四、公司因依法被吊销营业执照而解散

公司经营过程中,在以下几种情形出现时,会被注册地工商行政管理机关以行政决定的形式吊销营业执照:

1. 虚报注册资本数额巨大或情节严重

在公司注册成立时,虚报注册资本,数额巨大或者情节严重的,可能被工商行政管理机关吊销营业执照。这里所说的"情节严重",一般是指虚报注册资本的数额巨大,或者公司在经营过程中形成了数额较大的债务无法偿还,或者因公司虚报注册资本给其他人造成了较大损失的,均属于"情节严重"的情形。但是,在这种情况下,吊销营业执照并不是必然的处罚方式,工商行政管理机关也可以采取撤销营业执照的方式进行处罚。

2. 无故不开业或者停业

公司办理完所有设立公司所需的登记并取得营业执照、税务登记证、银行开户证等正式成立后,无正当理由超过6个月未营业的,或者营业后自行停业连续6个月以上的,可能会被工商行政管理机关吊销营业执照。公司成立的宗旨就是参加市场经济活动,获取利益,促进经济繁荣。因此,

公司注册成立后，应当在营业执照记载的经营范围内开展经营活动，如果公司长时间不营业，不仅造成社会资源的浪费，也不利于经济的发展，而且给工商行政管理机关、税务机关等行政管理部门的管理工作带来很大的困难。在这种情况下，工商行政管理机关作为公司的行政管理机关，发挥作用的表现形式就是对这类公司进行处罚，按照法定情节吊销其营业执照。

3. 虚假登记，情节严重

提交虚假材料或者采取其他欺诈手段隐瞒重要事实，取得公司登记，情节严重的，可能会被工商行政管理机关处以吊销营业执照或者撤销营业登记的行政处罚。

4. 超范围经营

公司成立后，需要变更经营范围的，应当在工商行政管理机关办理变更登记手续。但是有些经营项目根据法律、法规或者国务院决定的规定需要经过批准，如果公司未办理批准手续，擅自从事未经批准的经营活动的，由工商行政管理机关吊销其营业执照。

5. 未按期公示

公司未按照《企业信息公示暂行条例》规定的期限公示年度报告或者未按照工商行政管理部门责令的期限公示有关公司信息的，情节严重的，可能会受到包括但不限于吊销营业执照之类的行政处罚。公司经营过程中，应当于每年1月1日至6月30日，通过企业信用信息公示系统向工商行政管理部门报送上一年度年度报告，并向社会公示。比如，公司2017年度报告，要在2018年6月份之前完成，如果公司逾期不公示，将被列入经营异常名录，满3年未按履行公示义务，将被列入严重违法名单，情节严重的，由主管部门给予行政处罚。

6. 违法使用营业执照

伪造、涂改、出租、出借、转让营业执照，情节严重的，吊销营业执照。营业执照是由工商行政管理机关颁发的表明公司具有合法经营主体资格的重要文件。营业执照上记载了公司的注册资本、法定代表人、公司住所、经营范围等基本信息，是其他人与公司进行交易对公司产生信赖的重要证明。如果公司伪造、涂改、出租、出借、转让营业执照，说明公司有非法经营的情形，在其他人不明真相与其交易的过程中很可能遭受重大损失，严重破坏了公平、等价有偿的市场经济原则。因此，在这种情形发生时，就会被工商行政管理机关吊销营业执照。

7. 以公司名义从事严重违法行为

利用公司名义从事危害国家安全、社会公共利益的严重违法行为的，吊销营业执照。公司成立后，从事危害国家安全、社会公共利益的严重违法行为，触犯了刑法的规定，可能会被处以刑事处罚。在这种情况下，吊销公司的营业执照，防止其继续利用公司的名义从事严重违法行为，是工商行政管理机关所必然采取的措施。

公司被吊销营业执照与公司被注销是相互联系但又完全不同的两个概念。

两者的联系在于，公司被吊销营业执照后，应当依法组织清算，清算程序结束后，办理工商注销登记，此时公司的法人主体资格消灭，不再从事任何活动。

两者的区别在于：第一，公司被吊销营业执照后，经营主体资格被强行剥夺，不能进行经营活动，但是法人主体资格仍然存在，仅停止清算范围外的一切活动；而公司被注销后，法人主体资格已不存在，已没有民事权利能力和民事行为能力，这就如同人死了一样，已经没有任何行为能力。第二，公司被吊销营业执照后，仍然具有诉讼主体资格，能够以公司名义起诉、应诉；公司被注销后，不能作为诉讼主体。也就是说，如果有人起诉被吊销营业执照的公司，法院能够将诉状送达给公司，但是如果有人起诉已经注销的公司，法院会以被告不存在为由驳回原告的起诉。第三，从实体上说，公司被吊销营业执照后至注销前，仍以自己的财产对外承担责任；公司被注销后，除负有清算义务的董事或者股东未履行清算义务或者转移资产、逃避债务的，债权人不能再向已经注销的公司主张权利，也不能要求公司股东承担清偿责任。最后，公司因歇业被吊销营业执照后，经公司申请，可以恢复营业，但是公司被注销后，无论通过何种方式都不能再恢复营业。

五、因公司被责令关闭而终止

公司在经营过程中因违反了行政管理的规定，被行政机关处以责令关闭的行政处罚。比如，公司违法排放污染物、预期未完成治理任务，可能会被环保部门责令关闭。公司被责令关闭后，无法继续经营，应当依法终止。

第二节
公司终止的程序

根据法律的规定，公司无论采用哪种终止方式，都要经过清算程序，在清算程序中，清理公司财产，清偿债务，才能注销公司的工商登记。

一、停止营业

在公司决定终止后，一般要停止开展经营活动，未完成的事项尽快结束，同时不再进行新的经营。这样有利于公司清算程序的进行，也不会对第三人造成损失。

二、成立清算组

公司自上述解散事由出现之日起15日内成立清算组。清算组的主要职责就是清理公司的财产和债权债务。有限责任公司的清算组由公司股东组成，股份有限公司的清算组由董事或者股东大会确定的人员组成。清算组成立后，主要负责以下事宜：

(1) 通知已知债权人，公司已进入清算程序。

(2) 在报纸上公告公司终止，进入清算程序。

(3) 清理公司财产。

(4) 编制资产负债表。

(5) 制作清算方案。清算方案中应当包括清算程序、清算的时间安排、清算组的人员分工等。清算方案制作完成后，有限责任公司召开股东会，股份有限公司召开股东大会，审议清算方案，方案通过后方可执行。

(6) 清理与清算有关的公司未了结的事务。比如，公司尚有未履行完毕的买卖合同，如果公司不继续履行交货义务，很可能需要赔偿对方的经济损失或者承担违约金，此时，就需要清算组与对方商谈对该项合同如何履行。

(7) 向税务机关缴纳所欠税款或者缴纳在清算期间产生的税款。公司进入清算程序后，可能存在尚有部分经营未纳税的情形，为了公司将来能顺利办理注销手续，清算组应当及时查清公司的欠税项目和金额，并及时缴纳税款。在公司清算过程中，如果尚需履行部分买卖合同，就会出现纳税的问题。公司进入清算程序,并不免除公司的纳税义务,公司仍需按照税法的规定依法纳税。

(8) 清理债权债务。债权,就是其他单位或者个人欠公司的债,可能是金钱,也可能是实物;债务,就是公司对外的负债。清理债权时,清算组应派人核实债权并清缴回收,如果债务人不予偿还,清算组可以依法起诉,通过诉讼程序强行实现债权。

(9) 处理公司的剩余财产。在正常的公司清算程序中,公司清偿债务后,有时还会有部分剩余财产,这部分剩余财产一般由股东依照出资比例或者约定分配。

(10) 代表公司参与民事诉讼活动。公司清算中,可能会涉及诉讼,可能作为原告要求别人承担还款或者违约等民事责任,也可能作为被告被要求承担民事责任。无论作为原告还是被告,公司清算未结束时,公司的法人主体资格仍然存在,公司可以作为民事诉讼主体参与诉讼。但是,与未进入清算程序的公司不同的是,未进入清算程序公司的代表人是法定代表人;而进入清算程序的公司代表人是清算组,实际参加诉讼活动的,是清算组负责人。

> **律师提示**
>
> 以上是清算组成立后在公司清算过程中承担的主要职责。在实践中,公司的清算事务还有很多,清算组还需要处理公司清算中的日常事务。

三、向债权人发出通知,告知公司已进入清算程序

清算组成立之后,根据公司账面记载整理出公司的已知债权人,向已知债权人发出书面通知,告知其在法定期限内向清算组申报债权,以便核实和确认债权。由于公司可能存在账面未记载的未知债权人,如果公司的未知债权人不知道公司清算的事实,没有在清算期限内向清算组申报债权,很可能对债权人的利益造成损失。因此,清算组应当根据公司规模和营业地域在全国或者公司登记注册地省级有影响的报纸上发布公告,一次即可,告知未知债权人公司,已进入清算程序,并告知其在指定日期

内申报债权。如果清算组未按照规定履行通知和公告程序,导致债权人因未及时申报债权而未获清偿的,债权人可以要求清算组对其受到的损失承担赔偿责任。

四、编制资产负债表

清算组确定财产清理基准日,编制资产负债表。如果公司资产大于负债,公司可以继续进行清算程序;如果公司资产不足以支付债务,就不能继续进行正常的清算程序,而是要向法院申请破产,转入破产清算程序。

五、清理公司财产

(1)清算组应对公司财产进行分类,按照房屋、土地使用权、机器设备、无形资产、办公设备等类别编制财产清单,核实每一类别项下标明资产的权利人,是否有相应的产权证书(如有,注明产权证号),是否存在抵押、质押等权利受到限制的情形等。

(2)清算组应核对公司财产。主要核对公司账面记载的财产与实有财产是否一致,以及现有财产是否都是公司的财产,是否有他人的财产。如有他人财产,应妥善处理,以免公司清算结束后,财产权利人与公司股东发生纠纷。

六、清算组接受债权申报

已知债权人在收到公司清算通知之日起 30 日内,未知债权人自公告之日起 45 日内,到清算组的办公地址申报债权。清算组在接受债权申报时,将申报的债权登记造册,如实记录债权人的名称、申报的债权数额以及申报时间等基本信息。在债权申报期内未申报债权的,在清算程序终结前申报的,清算组应当予以登记。

登记造册后,清算组主要审查申报的债权的形成原因、债权人主体资格、债权数额、是否在诉讼时效期间内等。审查后,制作债权确认登记册,记载审查有效的债权。债权人对清算组核查债权的结果有异议的,可以要求清算组重新核对,清算组不予重新核对或者债权人对重新核对的结果有异议的,可以向人民法院提起诉讼,要求确认债权,诉讼中应当列公司为被告。

七、清理公司债权、债务

在公司清算中,最为重要的环节就是清理债权、债务。债权、债务处理的好坏直接涉及公司清算是否成功，公司注销后股东是否需要为公司债务承担责任等问题。因此，在公司清算中，一定要重点关注债权、债务的清理问题。

对于非国有公司来说，在债权、债务的清理中，尤为重要的是清理债务，因为清算主要是清算债务和财产，被清算的公司一般只有较少债权。因此，清理债权、债务中，清理债务是中心，偿还债务是重点，如果公司有财产可以偿还，应该制定偿还方案。

无论是有限责任公司，还是股份有限公司，股东设立公司承担的是有限责任，以出资额为限或者以认购的股份为限对公司承担责任。公司经营过程中，以公司名义形成的债务，是公司的债务，与股东个人无关，公司债务与股东个人债务是分离的，即便公司财产不够清偿债务，债权人也不能要求股东再偿还债务。

但是，在以下几种情况下，公司债权人可以要求公司股东承担责任：

（1）有限责任公司的股东、股份有限公司的董事和控股股东未在法定期限内成立清算组开始清算，导致公司财产贬值、流失、毁损或者灭失，债权人有权主张其在造成损失范围内对公司债务承担赔偿责任。

（2）有限责任公司的股东、股份有限公司的董事和控股股东因怠于履行义务，导致公司主要财产、账册、重要文件等灭失，无法进行清算，债权人可以主张其对公司债务承担连带清偿责任。

（3）有限责任公司的股东、股份有限公司的董事和控股股东，以及公司的实际控制人在公司解散后，因逃债等原因处置公司财产给债权人造成损失，或者未经依法清算，以虚假的清算报告骗取公司登记机关办理企业法人注销登记，债权人可以主张其对公司债务承担赔偿责任。

（4）公司未经清算即办理注销登记，导致公司无法进行清算，债权人可以主张有限责任公司的股东、股份有限公司的董事和控股股东，以及公司的实际控制人对公司债务承担清偿责任。

（5）公司未经依法清算即办理注销登记，股东或者第三人在公司登记机关办理注销登记时，承诺对公司的债务承担责任，债权人可以主张其对公司债务承担民事责任。

（6）公司设立时，股东出资不到位的，在公司财产不足以清偿债务时，债权人可以主张未出资的股东，以及公司设立时的其他股东或者发起人在未缴出资范围内，对公司的债务承担连带清偿责任。

八、计算职工法定补偿金

1. 应当支付经济补偿的情形

根据《劳动合同法》第46条的规定,有下列情形之一的,用人单位应当向劳动者支付经济补偿:

(1) 劳动者依照本法第38条规定解除劳动合同的;

(2) 用人单位依照本法第36条规定向劳动者提出解除劳动合同,并与劳动者协商一致解除劳动合同的;

(3) 用人单位依照本法第40条规定解除劳动合同的;

(4) 用人单位依照本法第41条第1款规定解除劳动合同的;

(5) 除用人单位维持或者提高劳动合同约定条件续订劳动合同,劳动者不同意续订的情形外,依照本法第44条第1项规定终止固定期限劳动合同的;

(6) 依照本法第44条第4项、第5项规定终止劳动合同的;

(7) 法律、行政法规规定的其他情形。

2. 经济补偿金的计算

经济补偿金计算的最基本的公式为:经济补偿金 = 基数 × 年限。经济补偿金亦是据基数和年限进行分段的。

(1) 经济补偿金的基数。由于2008年1月1日之前施行的相关法律法规(以下简称"以前的规定")并未对经济补偿金的基数进行封顶限制,而《劳动合同法》第47条第2款则对基数进行封顶,即劳动者月工资高于用人单位所在直辖市、设区的市级人民政府公布的本地区上年度职工月平均工资3倍的,向其支付经济补偿的标准按职工月平均工资3倍的数额支付,向其支付经济补偿的年限最高不超过12年。简而言之为"3倍+12个月封顶"。因此,在不同情况下经济补偿金的基数有所不同:

① 如果劳动者的月平均工资不高于上年度本市职工月平均工资3倍,经济补偿金的计算基数按劳动者在劳动合同解除或终止前12个月的月平均工资确定。

② 如果劳动者的工资符合《劳动合同法》规定的3倍封顶的情形,按职工月平均工资3倍确定基数,同时实施封顶计算经济补偿的年限自《劳动合同法》施行之日起计算,《劳动合同法》施行之前的工作年限仍按以前规定的标准计算经济补偿金基数。

(2) 经济补偿金的年限。根据《劳动合同法》第 47 条第 1 款的规定，经济补偿按劳动者在本单位工作的年限，每满 1 年支付 1 个月工资的标准向劳动者支付。6 个月以上不满 1 年的，按 1 年计算；不满 6 个月的，向劳动者支付半个月工资的经济补偿。

"以前的规定"和《劳动合同法》都对经济补偿金的年限进行封顶，"以前的规定"对法定情形进行 12 个月的年限封顶，而《劳动合同法》只有在"基数"符合封顶条件时才对"年限"进行 12 个月封顶，所以只需看基数封顶情况即可。即，如果《劳动合同法》规定应当支付经济补偿金，同时也不属于以前规定中"经济补偿金总额不超过劳动者 12 个月的工资收入"情形的，经济补偿年限自用工之日起计算；如果《劳动合同法》规定应当支付经济补偿金，但属于以前规定中"经济补偿金总额不超过劳动者 12 个月的工资收入"情形时，《劳动合同法》施行前的经济补偿年限要按照以前的规定计算；2008 年 1 月 1 日后的工作年限按照《劳动合同法》的规定并入计算。

法规链接

《中华人民共和国劳动合同法》

第三十六条　用人单位与劳动者协商一致，可以解除劳动合同。

第三十八条　用人单位有下列情形之一的，劳动者可以解除劳动合同：

（一）未按照劳动合同约定提供劳动保护或者劳动条件的；

（二）未及时足额支付劳动报酬的；

（三）未依法为劳动者缴纳社会保险费的；

（四）用人单位的规章制度违反法律、法规的规定，损害劳动者权益的；

（五）因本法第二十六条第一款规定的情形致使劳动合同无效的；

（六）法律、行政法规规定劳动者可以解除劳动合同的其他情形。

用人单位以暴力、威胁或者非法限制人身自由的手段强迫劳动者劳动的，或者用人单位违章指挥、强令冒险作业危及劳动者人身安全的，劳动者可以立即解除劳动合同，不需事先告知用人单位。

第四十条　有下列情形之一的，用人单位提前三十日以书面形式通知劳动者本人或者额外支付劳动者一个月工资后，可以解除劳动合同：

（一）劳动者患病或者非因工负伤，在规定的医疗期满后不能从事原工作，也不能从事由用人单位另行安排的工作的；

（二）劳动者不能胜任工作，经过培训或者调整工作岗位，仍不能胜任工

作的;

(三)劳动合同订立时所依据的客观情况发生重大变化,致使劳动合同无法履行,经用人单位与劳动者协商,未能就变更劳动合同内容达成协议的。

第四十四条 有下列情形之一的,劳动合同终止:

(一)劳动合同期满的;

(二)劳动者开始依法享受基本养老保险待遇的;

(三)劳动者死亡,或者被人民法院宣告死亡或者宣告失踪的;

(四)用人单位被依法宣告破产的;

(五)用人单位被吊销营业执照、责令关闭、撤销或者用人单位决定提前解散的;

(六)法律、行政法规规定的其他情形。

第四十七条 经济补偿按劳动者在本单位工作的年限,每满一年支付一个月工资的标准向劳动者支付。六个月以上不满一年的,按一年计算;不满六个月的,向劳动者支付半个月工资的经济补偿。

劳动者月工资高于用人单位所在直辖市、设区的市级人民政府公布的本地区上年度职工月平均工资三倍的,向其支付经济补偿的标准按职工月平均工资三倍的数额支付,向其支付经济补偿的年限最高不超过十二年。

本条所称月工资是指劳动者在劳动合同解除或者终止前十二个月的平均工资。

九、确认职工债权

公司长期亏损,会拖欠职工许多债权。在公司破产时,要对职工债权进行统计和确认。职工债权主要包括拖欠职工的工资、差旅费、独生子女费、采暖费、医疗费、住房公积金等。职工的上述债权统计后,召集职工进行确认核实,无异议的进行签字;有异议的,再次进行核实确认。确认后,用现金给职工发放,职工领取时应再次签字。

律师提示

职工债权与职工经济补偿金是不同的。经济补偿金是依据工龄计算的;而职工债权是实际应该给付而未付的。

十、分配公司剩余财产

上述程序完成后,清算组开始分配公司剩余财产。由于公司进行正常的清算程序,公司的财产是能够偿还债务的。因此,在这个程序中,不存在财产分配顺序问题,只要公司按照申报确认的债权和公司的账务记载,完成债务的偿还即可。在公司清偿完所有的债务后,如果还有剩余财产,剩余财产由公司股东按照出资比例或者约定分配。如果公司分配财产过程中,发现公司财产不足以清偿债务,应当立即终止清算程序,向人民法院申请破产。

十一、制作清算报告

公司清算结束后,清算组应当制作清算报告。清算报告的内容大体包括:

(1) 公司解散原因及日期;
(2) 清算组的组成;
(3) 清算组的形式;
(4) 清算组进行清算的步骤与安排;
(5) 公司债权债务人的确认和处理;
(6) 公司进行清算的方案;
(7) 清算方案的执行情况;
(8) 清算组成员职责履行的情况;
(9) 其他有必要说明的相关情况。

律师提示

有限责任公司清算报告提交股东会审议,股份有限公司清算报告提交股东大会审议。有限责任公司的审议决议由代表2/3以上表决权的股东签署;股份有限公司的审议决议由股东大会会议主持人及出席会议的董事签字确认。一人有限责任公司也应提交股东签署的确认文件。

第三节
注销登记

一、注销登记的情形

公司存在下列几种情形时,可以办理注销登记:

(1) 公司被吊销营业执照并经过清算后;

(2) 公司章程规定的经营期限届满,股东不想继续经营,完成清算程序后;

(3) 有限责任公司股东会或者股份有限公司股东大会决议解散,完成清算程序后;

(4) 因公司合并或者分立,需要解散的公司完成清算程序后。

在公司无法继续经营,股东拟彻底结束公司时,在完成公司的清算程序后,即可办理公司的注销登记。

二、注销登记的程序

(一) 注销税务登记

1. 未领取"一照一码"营业执照的公司注销

(1) 办理国税注销登记的程序如下:公司法定代表人或其授权的人员到颁发国税登记证的国税局领取注销税务登记表,按照表格的要求填好,然后接受国税局的检查,主要检查公司是否存在欠税情况。如果公司欠税,需要补缴所欠税款。补缴后,可以凭注销税务登记表和公司营业执照等材料,办理税务注销登记手续。如公司未发生欠税,可以直接办理国税税务注销登记。

(2) 办理地税注销登记手续的程序如下:公司法定代表人或其授权的人员到颁发地税登记证的地税局领取注销税务登记表,按照表格的要求填好后,到地税局发票科缴销发票,接受地税稽查分局的税务检查,主要检查公司是否存在欠税情况。如果公司欠税,需要补缴所欠税款。补缴后,可以凭注销税务登记表和公司营业执照等材料,办理税务注销登记手续。如公司未发生欠税,可以直接办理地税税务注销登记。

2. 领取"一照一码"营业执照的公司注销

（1）已实行"三证合一、一照一码"登记模式的公司办理注销登记，应向国税、地税主管税务机关申报清税，填写《清税申报表》。主管税务机关在接到公司清税申报受理后，应将公司清税申报信息同时传递给另一方税务机关，国税、地税主管税务机关按照各自职责分别进行清税，限时办理。

（2）待清税完毕后，受理税务机关根据国税、地税清税结果向纳税人出具统一的《清税证明》，纳税人持《清税证明》办理后续工商注销事宜。

（二）注销公司的银行账号

银行账号是公司业务往来中存储、支付款项所必需的，公司注销必然带来银行账户的注销。这里我们所说的银行账户，是指公司设立时在银行开设的基本账户。一般来说，公司办理银行账号的注销需要携带以下材料：公司公章、预留银行财务印鉴、原银行给公司的印鉴卡、法定代表人身份证、法定代表人授权的经办人的身份证、法定代表人的授权书、开户许可证原件等材料。由于各银行的营业制度之间存在差异，在不同的银行开设银行账户的公司，需要根据银行的具体规定提供相应材料，方能办理注销登记。

（三）注销公司的工商登记

公司办理完税务和银行账户的注销登记手续后，即可办理工商注销登记。工商注销登记的完成意味着公司作为市场经济主体的法人资格彻底丧失，即公司归于消灭，公司无论在名义上还是在实体上均已不存在，不能再以公司的名义从事任何活动。公司的工商注销登记的完成，是公司彻底退出市场的重要标志。

（四）注销公司的组织机构代码证

（1）公司持办理税务注销的回执和办理银行账户注销、工商登记注销的文件，到公司组织机构代码证的颁发机构质量监督检验机构，办理公司的组织机构代码证的注销登记。

（2）已实行"三证合一、一照一码"登记模式的公司，在办理完毕工商登记注销手续后，无需再办理组织机构代码证的注销手续。

三、公司注销工商登记应当提交的材料

1. 一般程序中应当提交的文件

一般来说,公司注销应当按照国家工商行政管理总局的规定提交以下材料:

(1) 公司清算组负责人签署的《公司注销登记申请书》,并加盖公司公章。

(2) 公司签署的《指定代表或者共同委托代理人的证明》并加盖公司公章,以及指定代表或者委托代理人的身份证件复印件。同时,应标明指定代表或者共同委托代理人的办理事项、权限、授权期限。

(3) 公司作出的公司解散决议或者公司解散决定。如果公司是被行政机关责令关闭或者公司被登记机关撤销的,还应提交被责令关闭或者被撤销的文件。

(4) 经过确认的清算报告。有限责任公司的清算报告需经股东会确认,股份有限公司的清算报告需经股东大会确认,一人有限责任公司的清算报告需经股东确认。

(5) 有限责任公司股东会、股份有限公司股东大会、一人有限责任公司的清算报告的确认文件。

(6) 清算组成员《备案通知书》。

(7) 税务部门出具的清税证明或由税务部门出具的未涉及纳税义务的证明。

(8) 法律、行政法规规定的应当提交的其他文件。

(9) 公司《企业法人营业执照》正本、副本。

在提交上述材料时,应当注意以下事项:

(1) 上述《公司注销登记申请书》《指定代表或者共同委托代理人的证明》可以通过国家工商行政管理总局《中国企业登记网》(http://qyj.saic.gov.cn)下载或者到工商行政管理机关领取。

(2) 提交的申请书与其他申请材料应当使用 A4 型纸。以上各项未注明提交复印件的,应当提交原件;提交复印件的,应当注明"与原件一致"并由公司签署,或者由其指定的代表或委托的代理人加盖公章或签字。

(3) 因公司合并、分立而办理公司注销登记的,无需提交以上所述的第(4)(5)(6)项材料,但应提交合并协议或者分立协议。

(4)以上材料涉及签署的,自然人由本人签字;非自然人加盖公章。

2. 简易注销程序中应当提交的材料

根据《工商总局关于全面推进企业简易注销登记改革的指导意见》(工商企注字〔2016〕253号),自2017年3月1日起,领取营业执照后未开展经营活动(未开业)、申请注销登记前未发生债权债务或已将债权债务清算完结(无债权债务)的有限责任公司、非公司企业法人、个人独资企业、合伙企业实施企业简易注销登记。

企业决定解散,符合简易注销条件的,可通过国家企业信用信息公示系统的企业信息填报中的"简易注销公告填报"模块向社会公告拟申请简易注销登记及全体投资人承诺等信息(强制清算终结和破产程序终结的企业除外),并上传由全体投资人签名(法人股东盖章)的《全体投资人承诺书》PDF版。

注销公告发布45日后,有关利害关系人及相关政府部门未提出异议的,企业可向登记机关申请注销登记,并提交以下材料:

(1)《企业简易注销登记申请书》;

(2)《指定(委托)书》;

(3)《全体投资人承诺书》(强制清算终结的企业提交人民法院终结强制清算程序的裁定,破产程序终结的企业提交人民法院终结破产程序的裁定);

(4)营业执照正、副本。

> **律师提示**
>
> 由于各地工商管理机关的规定不一致,除上述材料以外,公司在办理注销登记时,可能被要求提供更多的材料,具体的材料提供应在公司注销登记前,向当地工商管理机关进行咨询。

四、分公司办理工商登记注销应提交的文件

(1)公司法定代表人签署的《分公司注销登记申请书》,并加盖公司公章。

（2）公司签署的《指定代表或者共同委托代理人的证明》（公司加盖公章）及指定代表或委托代理人的身份证件复印件；应标明指定代表或者共同委托代理人的办理事项、权限、授权期限。

（3）分公司被依法责令关闭的，提交责令关闭的文件。因违反《公司登记管理条例》的有关规定，被公司登记机关依法吊销营业执照的，应提交公司登记机关吊销营业执照的决定。

（4）分公司的《营业执照》正本、副本。

（5）法律、行政法规规定的其他文件。

> **律师提示**

分公司在提交以上材料时应注意：

（1）《分公司注销登记申请书》和《指定代表或者共同委托代理人的证明》，可以通过国家工商行政管理总局《中国企业登记网》（http://qyj.saic.gov.cn）下载或者到工商行政管理机关领取。

（2）提交的申请书与其他申请材料应当使用 A4 型纸。

以上各项未注明提交复印件的，应当提交原件；提交复印件的，应当注明"与原件一致"并由公司签署，或者由其指定的代表或委托的代理人加盖公章或签字。

第四节
公司破产

一、公司破产的条件

公司经营中发生资产不足以支付到期债务的情况下，公司或者公司的债权人即可向公司所在地的人民法院申请破产。简单地说，就是公司处于"资不抵债"的状态下，可以进入破产程序。但是，并不是所有资不抵债的公司都要进入破产程序,破产程序需要有申请人的申请,方能启动。有的公司虽然出现了资不抵债,但是公司经营者认为公司能够扭亏为盈,公司的债权人也对公司的前景抱有信心,不向法院申请公司破产。公司就可以继续经营,直至经营好转。

公司在清算过程中,经清算发现公司的财产不足以支付债务时,公司就应当由正常的清算程序转入破产程序。

二、公司破产的程序

1. 破产申请

公司破产必须经过人民法院的审理和裁定才能确认,不经人民法院审理,公司自身不能进入破产程序。

根据我国《企业破产法》的规定,公司破产必须有申请,申请人可以是公司自己,也可以是其他债权人。公司自己申请时,主要是认为公司已经资不抵债,无法再继续经营。债权人申请时,主要是认为公司不能偿还到期债务,已出现资不抵债。尽管法律有如此规定,但在我国,绝大多数是公司自己申请破产,几乎很少有债权人申请破产。

在公司向人民法院申请破产时,人民法院认为符合立案条件的,可以直接立案。公司债权人作为申请人,人民法院立案前需要告知公司被申请破产的事实,公司认为自身不符合破产条件的,应该向法院举证证明。

2. 法院裁定受理

公司或者债权人向人民法院提出破产申请后,人民法院裁定受理的,需要指定破产管理人。近年来,各地均建立了破产管理人名册,名册置备于人民法院,人民法院在破产管理人名册中通过摇号、抽签等方式指定破产管理人,并以决定的形式作出。

人民法院受理破产申请后,需要在《人民法院报》上公告案件受理情况,告知公司债权人在指定期间内向管理人申报债权,同时通知第一次债权人会议召开的时间、地点。根据法律规定,债权申报期间最短为30天,最长为90天。

对于公司账目中记载的已知债权人,人民法院以书面的方式通知其申报债权,通知可以邮寄、转让等方式送达,告知已知债权人申报债权的时间、方式,以及在申报债权时需要携带的材料。

3. 指定破产管理人

公司进入破产程序后,原有的公司法定代表人、董事、总经理、监事等人员不再行使原有职权,公司需要交给破产管理人管理。破产管理人制度,是我国《企业破产法》实施后新确立的制度。破产管理人可以由律师事务所、审计事务所、评估机构,以及清算事务所担任。但是,并不是上述所有的中介机构都可以担任破产管理人,只有在当地高级人民法院破产管理人名册中备案的中介机构才能担任破产管理人。因此,在公司破产立案后,由受理破产案件的法院,在破产管理人名册中指定破产管理人,并由破产管理人接管破产公司,处理破产事务。破产管理人对外代表公司,这里需要指出的是,破产公司涉诉时,仍然以公司作为诉讼当事人参与诉讼,破产管理人只作为代表人参加诉讼,破产管理人的负责人具体签署相关的法律文件,如授权委托书、法定代表人身份证明等。

4. 破产管理人接管破产企业

破产管理人的主要职责是管理破产企业,负责破产企业的清算、重整或者和解。破产企业的日常事务都由破产管理人决定。

破产管理人对破产企业的接管是全面的接管,包括接管破产企业的营业执照、各种公章、账簿、合同、流动资金、劳动人事档案等资料;接管破产企业的财产,对破产企业的财产行使处分权;决定破产企业是否继续经营,尚未履行完毕的合同是否继续履行;委托拍卖机构对破产财产进行拍卖,拟定分配方案,对破产财产进行分配等重大事项。

5. 审计、评估

破产企业管理人由非审计、评估机构担任的,需要委托审计、评估机构对企业财务进行审计,对企业资产进行评估,以确定企业的资产负债率和企业的财产价值,为下一步的财产处置提供依据。

6. 接受债权申报

公司的债权人自公告之日起,或者自接到债权申报通知书之日起即可向破产管理人申报债权。人民法院立案受理破产案件后,应在《人民法院报》上公告。管理人根据债权人的申报制作债权登记表,记录债权人的申报情况,包括债权人名称、债权数额、债权形成时间及形成原因等。

7. 召开债权人会议

由于公司破产清算,可能使债权得不到清偿,或者得到清偿的比例极小。因此,法律规定债权人会议是破产程序中的最高权力机构。依法申报债权的债权人为债权人会议的成员,有权参加债权人会议,行使表决权。

债权人会议的法定职权有以下几项:

(1) 核查债权,确认债权人申报的债权是否真实有效;

(2) 申请人民法院更换破产管理人,审查破产管理人的费用和报酬;

(3) 监督破产管理人;

(4) 决定继续或者停止债务人的营业;

(5) 通过重整计划;

(6) 通过和解协议;

(7) 通过破产财产的管理方案;

(8) 通过破产财产的变价方案;

(9) 通过破产财产的分配方案;

(10) 人民法院认为应当由债权人会议行使的其他职权。

债权人会议的决议,由出席会议的有表决权的债权人过半数通过,并且其所代表的债权额占无财产担保债权总额的1/2以上。但是,破产企业的重整方案及和解方案,需要由出席会议的有表决权的债权人过半数通过,并且其所代表的债权额占无财产担保债权总额的2/3以上。债权人会议一般由债权人会议主席主持,债权人会议主席往往由最大的债权人担任。

8. 变价破产财产和分配

变价破产财产是破产程序中的核心环节,只有破产财产变价后,才能实现破产成本的支付以及对公司债权的清偿。破产管理人制作财产变价方案,提交债权人会议讨论通过,根据债权人会议作出的决议变价破产财产。根据《企业破产法》第112条第1款的规定,变价出售破产财产应当通过拍卖进行。但债权人会议另有决议的除外。由破产管理人委托拍卖机构对破产财产进行拍卖。国有企业破产的,也可以通过产权交易中心挂牌拍卖。对于价值量较小的破产财产,通过债权人会议表决通过,可以采用协议转让的方式变价。

破产财产变价后,由破产管理人制作分配方案,根据法律规定的清偿顺序进行分配。分配方案同样需要经过债权人会议讨论通过后执行。破产财产按照以下顺序进行分配:

(1) 有担保的债权;

(2) 破产费用和共益债务;

(3) 欠付的职工工资、医疗、养老、工伤等社会保险,以及根据法律规定应当支付给职工的补偿金等；

（4）公司所欠税款；

（5）普通债权。

> **律师提示**
>
> 在上述各项中，在清偿完前项有剩余后，才能进行下一项的清偿。破产财产不足以支付上述某一项的全部债权时，按照该项中各债权数额的比例分配。

9. 破产程序终结

财产分配完成后，破产管理人向人民法院申请破产终结，法院收到申请后，可以裁定终结破产程序，未得到清偿的债权不再清偿。

三、公司破产后的注销登记手续

公司被人民法院裁定破产终结后，破产管理人应去办理公司注销登记，注销登记的顺序与公司清算注销的顺序相同，只是向工商、税务等管理机构提供的材料存在差异：

（1）公司破产后，办理注销登记时提供法院作出的破产终结裁定，而无须提交清算报告和股东会决议。

（2）公司无须提交清算组人员备案通知书，只需提交法院指定破产管理人的决定书。

（3）公司无须提交公司被责令关闭、被撤销的决定等文件，只需提交法院的立案受理裁定书。

> **律师提示**
>
> 公司破产，是公司消亡的一种法律制度，也是公司退出市场的途径。公司从成立到消亡，入口和出口都有法律的规定，入口主要由《公司法》规定，出口主要由《企业破产法》规定，公司存续期间的运营和管理，也主要由《公司法》来规定。因此，了解和掌握《公司法》，是把握公司命脉的根本。

第十二章

开办公司的法律责任

引言：企业家除要面临一般自然人遇到的法律风险外，其在企业日常经营中行使权力、履行职责，需要面临众多法律风险。就企业家在企业经营管理中的特定身份，从法律风险引发的法律责任的角度，可以将其面临的法律风险大致分为刑事法律风险、行政法律风险和商事法律风险三个方面。

"商场如战场"，风险与利益本就是硬币的不同两面，开办公司会面临诸多法律风险，守法经营才是公司的生存之道。

第十二章
开办公司的法律责任
* * * * *

尽管公司是创业的平台,但开办公司并不是一件简单的事情。开办中一切都应该按照法律的规定去做,如果开办公司违背了法律的规定,开办人是要承担相应的法律责任的。

一、虚报注册资本的法律责任

虚报注册资本,是指在公司注册时,向公司登记机关所申报的注册资本不实,有虚假成分,或者完全虚假。例如,注册资本仅为5万元,却向登记机关申报注册资本10万元。

1. 虚报注册资本主要表现的两种形式

(1) 注册资本完全虚假,根本就没有注册资本;

(2) 注册资本部分虚假,只有一部分注册资本是真实的。

2. 虚报注册资本的法律责任

(1) 由工商登记机关责令改正;

(2) 由工商登记机关处以虚报注册资本金额5%~15%以下的罚款,情节严重的,撤销公司登记或者吊销营业执照。

二、提交虚假材料的法律责任

开办公司如果向工商登记机关提交虚假材料,或者采取其他欺诈手段隐瞒重要事实,骗取公司登记的,应承担法律责任。提交虚假材料,是指在公司登记注册时,开办人故意向登记机关提交虚假材料,其目的是骗取公司登记。例如,有的人在开办公司时,为了骗取公司登记,私刻其他公司的公章,在设立公司申请书中加盖其他公司的公章;还有的将验资报告进行嫁接,本来是对甲公司的验资报告却被嫁接到乙公司的头上,实际上乙公司并没有任何注册资本。对于这种提供虚假材料骗取公司登记的行为,由登记机关处以5万元以上50万元以下的罚款,情节严重的,撤销公司登记或者吊销营业执照。

案例解析

案例 4　提供虚假材料开办公司的后果

2001年4月,长春赵氏两兄弟为了开办一个汽车零配件生产厂,自行刻制某公司的公章,在工商局登记注册了某专用汽车制造公司的分公司,注册资本为人民币500万元。

2004年10月,辽宁省某市中级人民法院,给专用汽车制造总公司送达诉状和开庭传票,诉状称,该公司下属的分公司欠辽宁某公司人民币167万元。

专用汽车制造总公司声称自己没有开办下属分公司,于是到工商行政管理机关查阅公司登记档案,发现档案中的上级公司栏目中公章为伪造,在调查开办公司注册时的验资报告时,发现验资报告也系伪造,是赵氏两兄弟把一个印刷制品有限公司的验资报告复印剪接后嫁接到自己开设的所谓专用汽车制造总公司的名下。并且,兄弟二人到工商局办理了登记注册。赵氏兄弟开办分公司一年内,又用假的土地使用权和工厂厂房骗得银行贷款2300万元。

某专用汽车制造总公司发现情况后,马上向公安机关进行了控告,同时要求工商行政管理机关对所谓的"分公司"吊销营业执照。工商行政管理机关经过调查核实,确认赵氏两兄弟在公司注册时,提供的评估报告、验资报告、土地使用权证均是伪造,于是作出行政决定,吊销了某专用汽车制造总公司下属分公司的营业执照。赵氏两兄弟因罪行败露而逃往国外。某专用汽车制造总公司将工商行政管理机关的吊销营业执照决定书和刑事案件立案证明提供给辽宁省某市中级人民法院,法院审理后决定中止审理。

上述案例说明,如果开办公司提供虚假材料,一是国家工商行政管理机关要吊销已注册的公司营业执照,二是侦察机关要追究其刑事责任,从刑法来说,可以认定为虚假出资罪。

三、虚假出资的法律责任

虚假出资,是指在公司注册成立时,出资人没有真正出资,由银行为其出具假存款证明,或者由资产评估机构出具虚假的评估报告,证明财产已转移到公司名下或者由验资机构作出虚假的验资报告,证明已经验资,从而骗取公司登记注册。

虚假出资行为,应承担两种法律责任:

(1) 由工商登记机关责令改正;

(2) 由工商登记机关处以虚假出资额5%~15%的罚款。同时,对提供虚假验资报告的会计师事务所也要追究法律责任。

四、抽逃出资的法律责任

公司成立后,开办公司的人不得抽逃出资,否则,也应承担法律责任。

抽逃出资是指公司成立后,股东或者发起人故意将自己已注入公司的资金抽逃出去。

有抽逃出资行为的应承担如下责任:

(1) 责令改正,把抽逃的出资再转回来;

(2) 由公司登记机关处以抽逃出资金额5%~15%的罚款;

(3) 根据最高人民法院的司法解释,公司开办后,抽逃人抽逃多少数额资金,在抽逃资金范围内承担民事责任;

(4) 根据《刑法》第159条的规定,对抽逃出资数额巨大或者后果严重的,可以处5年以下有期徒刑或者拘役,同时还可以判处罚金。

五、违反公司财务制度的法律责任

开办公司,在财务管理上应该按照会计准则办事,不可违反财务制度,如果公司不按会计准则办理,在会计账簿以外另立会计财务账簿,应承担法律责任。

承担法律责任的方式:

(1) 由县级以上人民政府的财政部门责令改正;

(2) 可以处5万—50万元的罚款。

六、提供虚假财会报告的法律责任

财会报告应是反映公司真实财务状况的记录,无论是向财务部门或者税务等有关部门提供财会报告都应该是真实的。但如果公司有意提供虚假的财会报告,也应承担法律责任。有关部门对公司直接负责的主管人员和其他直接责任人员处以3万—30万元的罚款。同时,根据《刑法》第161条的规定,公司向股东和社会公众提供虚假的或者隐瞒重要事实的财务会计报告,严重损害股东或者他人利益的,对其直接负责的主管人员和其他直接责任人员,处3年以下有期徒刑或者拘役,并处或者单处2万元以上20万元以下罚金。

七、违法提取法定公积金的法律责任

法定公积金是公司在运营中应当提取的公积金,主要用于弥补公司的亏损,扩大生产经营或者转为增加资本。法定公积金不得取消,也不得变少,如果公司不按时提取或者不按数提取,都属于违法。对这种违法行为,可以处20万元以下罚款,并责令如数补足。

八、公司在合并、分立、减资、清算中有违法行为,应承担法律责任

公司发生合并、分立、减资或者清算时,不依照《公司法》规定通知或者公告债权人,由公司登记机关责令改正,对公司处以1万—10万元的罚款。

公司在进行清算时,隐匿财产,对资产负债表或者财产清单作虚假记载或者在未清偿债务前分配公司财产的,由公司登记机关责令改正,对公司处以隐匿财产或者未清偿债务前分配公司财产金额5%~10%的罚款;对直接负责的主管人员和其他直接责任人员处以1万—10万元的罚款。

九、清算时有违法经营活动的也承担法律责任

公司清算时,由清算组主持公司的清算工作,但如果清算组开展与清算无关的经营活动,由公司登记机关予以警告,没收违法所得。

十、逾期开业、停业、不办理变更登记的法律责任

公司成立后无正当理由超过6个月未开业的,或者开业后自行停业连续6个月以上的,可以由公司登记机关吊销营业执照。

公司登记事项发生变更而不办理变更登记的,由公司登记机关责令限期登记,逾期不登记的,处以1万—10万元的罚款。

第十三章

企业用工的法律风险防范

引言：开办公司除了需协调股东间的关系，还要雇用员工，让员工在为公司创造价值的同时获得成长并积累财富。

本章主要介绍了企业用工的概念、法律形式和法律风险。

第十三章
企业用工的法律风险防范
* * * * *

在搭建完成公司治理架构,公司经营渐入正轨之后,如何管理支持公司运转、构成公司实体"细胞"的企业工作人员,就成为"如何开办公司"语境下不可回避的话题。

第一节
企业用工的概念

所谓企业用工,泛指企业通过签订书面劳动合同或达成口头协议等方式,与相对方建立的有偿劳动或劳务关系的行为。

第二节
企业用工的法律形式

一、种类

在企业用工形式上,《劳动合同法》确立了三种用工形式,即全日制用工、非全日制用工和劳务派遣用工。

(一) 全日制用工

全日制用工,通常是指实行劳动者每日工作时间不超过 8 小时、平均每周工作时间不超过 44 小时的工时制度的用工。

(二) 非全日制用工

非全日制用工,是指以小时计酬为主,劳动者在同一用人单位一般平均每日工作时间不超过4小时,每周工作时间累计不超过24小时的用工形式。

(三) 劳务派遣

劳务派遣又称劳动派遣、劳动力租赁,是指由派遣机构与派遣劳工订立劳动合同,由派遣劳工向用工单位给付劳务,劳动合同关系存在于派遣机构与派遣劳工之间,但劳动力给付的事实则发生于派遣劳工与用工企业之间。劳务派遣的最显著特征就是劳动力的雇用和使用分离。

二、特点

(一) 全日制用工与非全日制用工

全日制用工与非全日制用工都属于法定的用工形式,两者的区别具体体现在以下几点:

1. 劳动合同的形式不同

在全日制用工的情况下,双方必须签订书面劳动合同;而在非全日制用工的形式下,劳动合同的形式比较灵活,用人单位既可以与劳动者签订书面劳动合同,也可以订立口头协议。

2. 劳动合同的内容有所不同,特别是体现在能否约定试用期的法律规定上不同

全日制用工的情况下,双方是可以约定试用期的;而在非全日制用工形式下,双方不能约定试用期。

3. 对劳动者是否可以兼职的要求不同

全日制用工的情况下,如果最先与劳动者签订劳动合同的用人单位明确规定劳动者不得兼职,则劳动者不可以同时与其他用人单位建立劳动关系;而在非全日制用工的情况下,法律允许劳动者与多个用人单位建立非全日制劳动关系。

4. 工作时间不同

法律规定,全日制劳动者一般是每日不超过8小时且每周不超过44

小时;而非全日制劳动者的工作时间为每天不超过 4 小时且每周不超过 24 小时。

5. 计酬方式及工资支付周期不同

全日制用工一般是按月计酬,支付周期比非全日制长;非全日制用工采取计时工资制,法律规定工资支付周期不得超过 15 日。

6. 在劳动合同解除方面的规定有所不同

全日制劳动合同的解除和终止必须严格按照《劳动合同法》的规定进行,不得随意解除或者终止,并且在出现法律规定的情形时,用人单位还需要向劳动者支付经济补偿金;而在非全日制用工的劳动关系中,双方可以随时解除合同,且用人单位无需支付经济补偿金。

7. 在是否适用特殊用工方式上有所不同

即全日制用工可以适用劳务派遣,而非全日制用工不可适用劳务派遣。

除了上述区别以外,非全日制用工同样应遵循《劳动合同法》的一般原则和一般规定,《劳动法》《劳动合同法》中有关劳动安全保护、职业危害防护等保护性的规定,同样适用于非全日制用工。

(二) 劳务派遣

《劳动合同法》第 66 条规定:劳动合同用工是我国的企业基本用工形式。劳务派遣用工是补充形式,只能在临时性、辅助性或者替代性的工作岗位上实施。前款规定的临时性工作岗位是指存续时间不超过六个月的岗位;辅助性工作岗位是指为主营业务岗位提供服务的非主营业务岗位;替代性工作岗位是指用工单位的劳动者因脱产学习、休假等原因无法工作的一定期间内,可以由其他劳动者替代工作的岗位。

劳务派遣是近年来我国人才市场根据市场需求而引进、开发的新型人才服务项目,是一种新的用人方式,可跨地区、跨行业进行。用人单位可以根据本行业的特点或自身工作和发展的需要,通过具有劳务派遣资质的劳动服务公司,吸收所需要的各类人员。劳务派遣服务机构则根据用人单位的实际需求招聘员工,与员工签订劳动合同、建立劳动关系,并将员工派遣到用人单位工作,同时对员工提供人事行政、劳资福利、后勤保障等综合配套服务。实行劳务派遣后,实际用工单位与劳务派遣组织签订《劳务派遣合同》,劳务派遣组织与劳务人员签订《劳动合同》,这也就意味着,实际用工单位与劳动人员之间只有使用关系,没有聘用合同关系。

事实上,无论是全日制用工,还是非全日制用工,抑或是劳务派遣用工,都属于劳动合同制用工中最为普遍的用工方式。而按照劳动合同期限,劳动合同又可分为固定期限、无固定期限和以完成一定的工作任务为期限的劳动合同。劳动合同制度的实行,适应了社会主义市场经济体制的要求,确定了合同制的劳动力资源配置机制。劳动合同制将竞争和淘汰机制引入企业劳动用工管理,增强了用人单位的竞争力,提高了职工队伍的素质;消除了现有企业干部和工人在固定工与合同工之间的身份界限,建立起了科学的劳动合同管理制度;健全了国家、企业与劳动者三者之间的利益关系;改革了社会劳动保险体制,初步建立起了统一的、覆盖全部城镇劳动者的失业、养老、医疗保险制度,促进了生产力的解放和经济社会的发展。

法规链接

《中华人民共和国劳动法》

第三十六条 国家实行劳动者每日工作时间不超过八小时、平均每周工作时间不超过四十四小时的工时制度。

《中华人民共和国劳动合同法》

第六十六条 劳动合同用工是我国的企业基本用工形式。劳务派遣用工是补充形式,只能在临时性、辅助性或者替代性的工作岗位上实施。

前款规定的临时性工作岗位是指存续时间不超过六个月的岗位;辅助性工作岗位是指为主营业务岗位提供服务的非主营业务岗位;替代性工作岗位是指用工单位的劳动者因脱产学习、休假等原因无法工作的一定期间内,可以由其他劳动者替代工作的岗位。

用工单位应当严格控制劳务派遣用工数量,不得超过其用工总量的一定比例,具体比例由国务院劳动行政部门规定。

第六十八条 非全日制用工,是指以小时计酬为主,劳动者在同一用人单位一般平均每日工作时间不超过四小时,每周工作时间累计不超过二十四小时的用工形式。

第三节
企业用工的法律风险

随着经济体制改革的不断推进,市场经济的发展进入新常态,以及劳动者权利保护意识的增强,劳动争议案件的数量和复杂性都较之前有了显著的增加。通常来看,企业用工管理的法律风险主要体现在以下方面:

一、用工管理不到位产生的风险

(一) 不签订书面劳动合同

与劳动者签订书面劳动合同是用人单位应尽的义务。《劳动合同法》第10条第1款、第2款规定:建立劳动关系,应当订立书面劳动合同。已建立劳动关系,未同时订立书面劳动合同的,应当自用工之日起一个月内订立书面劳动合同。同时,第82条第1款规定:用人单位自用工之日起超过一个月不满一年未与劳动者订立书面劳动合同的,应当向劳动者每月支付2倍的工资。也就是说,企业应当及时与未签订劳动合同的员工补签劳动合同,并对员工的劳动合同期间进行登记和统筹管理,避免出现法律风险。

如果不签书面劳动合同就用工,会产生两种可能:一种是符合法律规定,即在一个月内与劳动者完成了书面劳动合同的补签;另一种是实际用工超过一个月,但仍未订立书面劳动合同。《中华人民共和国劳动合同法实施条例》(以下简称《劳动合同法实施条例》)第6条针对用工超过一个月未满一年未订立合同的情况规定,企业除了要承担满一个月未满一年期间的员工的2倍工资外,还要与员工补订书面劳动合同,员工不愿订立劳动合同的,企业才可终止劳动关系。《劳动合同法实施条例》第7条针对用工超过一年未订立书面劳动合同的情况规定,视作"已订立无固定期限劳动合同",并立即补订书面劳动合同。这时,劳动关系已经不能终止了,如果劳动合同未能及时补订,还要承担因不与劳动者订立无固定期限劳动合同之规定而支付2倍工资的风险。

（二）本企业工龄未连续计算

按照《劳动合同法实施条例》第 10 条规定，员工非因本人原因从原用人单位被安排到新用人单位工作，员工在原用人单位的工作年限应合并计入新用人单位的工作年限。这与过去的企业确认本企业工龄的概念有了变化，为此，企业应当按照上述规定确认员工本企业的工龄。

（三）非全日制用工不签劳动合同

非全日制用工也应当订立书面劳动合同。非全日制用工虽未规定需强制性订立劳动合同，但企业应当意识到，如果未订立书面劳动合同，一旦与员工产生劳动关系矛盾，企业将难以证明双方存在非全日制用工关系，即可能由于举证不能面临败诉的风险。

（四）合同到期未续签

当企业发现劳动合同已超过期限，这时，双方形成了未订立劳动合同的"事实劳动关系"，企业又将面临支付 2 倍工资的风险。企业如要终止劳动关系，就容易引发劳动争议。

（五）违法解除劳动合同

《劳动合同法》对于单位辞退劳动者的情形和违法解除的法律责任均有明确的规定。因此，用人单位在日常用工管理中，对于劳动关系的变更、解除等重要事项切勿轻率表态。在司法实践中，单位工作人员的不当表述不但可能导致员工误解激化矛盾，还可能导致人民法院或仲裁委员会对单位的表态给予误判，将单位的倾向性意见错认为是正式决定，进而要求单位承担不利的后果。

此外，在现有的劳动法框架下，已无自动离职的概念，如果发生员工不辞而别或缺岗多日的情况，单位应当及时了解员工的离岗原因。员工个人主动辞职的，应当要求其补交辞职信；属于旷工的，应及时按照规章制度处理，辞退决定无法送达的，还应及时办理公告送达的手续，避免出现劳动关系不确定的状态，进而承担更大的法律责任。

（六）未依法足额支付加班费

我国劳动法不提倡企业安排劳动者加班，但如果企业因为经营所需，需要安排劳动者加班的，应当足额支付劳动者加班费。《劳动法》第44条规定：有下列情形之一的，用人单位应当按照下列标准支付高于劳动者正常工作时间工资的工资报酬：（一）安排劳动者延长工作时间的，支付不低于工资的150%的工资报酬；（二）休息日安排劳动者工作又不能安排补休的，支付不低于工资的200%的工资报酬；（三）法定休假日安排劳动者工作的，支付不低于工资的300%的工资报酬。

二、用工管理制度不严产生的风险

（一）规章制度不健全

规章制度是企业内部的"法律"，但实际用工过程中，有的企业存在着岗位标准、考核制度等不健全、不完善的情况。即当员工不能胜任工作时法律赋予企业单方调整岗位的权利，但是如果企业没有岗位标准和考核办法，就等于丧失岗位调整权利。再如，有的企业招聘制度有缺陷，根据《劳动合同法》第39条之规定，"在试用期内被证明不符合录用条件的"员工，用人单位可以解除劳动合同，也就是说，法律在特定情形上，赋予了企业单方解除权，但用人单位必须承担相应的举证责任。因此，企业必须完善招聘制度，制订岗位录用条件，在招聘至录用前书面告知员工签名确认。如果企业对招聘管理松懈，就会出现难以证明员工不符合录用条件的情形，进而使企业丧失试用期内单方解除的法定权利。

（二）内容不合法

企业的规章制度内容必须符合法律规定。有的企业在制定规章制度时缺乏对相关法律、法规的了解，致使制度的某些内容与法相悖。用人单位直接涉及劳动者切身利益的规章制度违反法律、法规规定的，要承担法律责任，同时也可能成为员工随时解除合同并提出经济补偿的理由。

（三）缺少民主程序

企业要确保规章制度程序合法。《劳动合同法》强调了涉及员工切身利益的规章制度在订立时应听取工会或职工代表的意见,未成立工会或未建立职工代表大会制度的单位,需由全体员工推荐代表讨论通过。如果规章制度未经过民主程序,劳动仲裁委员会和人民法院将认定该规章制度的制定程序不合法,进而不能作为处理劳动争议的依据。

(四) 制度未使劳动者知晓

规章制度的内容和程序均合法,企业还有告知义务。如果员工否认知晓规章制度,企业不能证明其已履行了相应的告知义务,那么该制度很有可能不能作为处理劳动争议的依据。

(五) 制度缺乏操作性

法律规定劳动者严重违反企业规章制度,企业可以解除劳动合同。为此,企业必须明确界定严重违反规章制度可以解除劳动合同的具体条款,并且能够举证员工存有符合解除劳动合同具体条款的事实。如果规章制度制定的比较原则和笼统,在实际运用时缺乏可操作性,也会导致企业相关解除权利的丧失。

因此,在开办公司、经营企业的过程中,《劳动法》《劳动合同法》等法律规定应当成为企业检验自身用工规范性、合法性的标尺。在实现扩大经营战略的同时,注意企业用工法律风险的内部防控同样至关重要。

法规链接

《中华人民共和国劳动合同法》

第十条 建立劳动关系,应当订立书面劳动合同。

已建立劳动关系,未同时订立书面劳动合同的,应当自用工之日起一个月内订立书面劳动合同。

用人单位与劳动者在用工前订立劳动合同的,劳动关系自用工之日起建立。

第八十二条 用人单位自用工之日起超过一个月不满一年未与劳动者订立书面劳动合同的,应当向劳动者每月支付二倍的工资。

用人单位违反本法规定不与劳动者订立无固定期限劳动合同的,自应当订立无固定期限劳动合同之日起向劳动者每月支付二倍的工资。

《中华人民共和国劳动合同法实施条例》

第六条　用人单位自用工之日起超过一个月不满一年未与劳动者订立书面劳动合同的,应当依照劳动合同法第八十二条的规定向劳动者每月支付两倍的工资,并与劳动者补订书面劳动合同;劳动者不与用人单位订立书面劳动合同的,用人单位应当书面通知劳动者终止劳动关系,并依照劳动合同法第四十七条的规定支付经济补偿。

前款规定的用人单位向劳动者每月支付两倍工资的起算时间为用工之日起满一个月的次日,截止时间为补订书面劳动合同的前一日。

第十四章

公司签章管理的法律风险防范

引言：公司运营过程中有公章、合同专用章、财务章、法定代表人章等各种签章，诸多公司因签章管理不善，纠纷不断。

本章主要包括公司签章的概述、刻制和管理。

第十四章
公司签章管理的法律风险防范
* * * * *

签章管理对于企业来说,至关重要。一旦在法律文件上盖有法定代表人或授权代表的签名章或企业公章,在对外法律效力上即意味着企业对该文件的认可,随之将产生相应的法律后果。公司经营者若不能充分正视公司签章的重要性和法律风险,可能将对公司运营产生巨大甚至颠覆性的影响。

第一节
公司签章概述

一、公司签章的概念

《中华人民共和国票据法》第7条第1款、第2款规定:票据上的签章,为签名、盖章或者签名加盖章。法人和其他使用票据的单位在票据上的签章,为该法人或者该单位的盖章加其法定代表人或者其授权的代理人的签章。因此,在通常意义上,公司签章可以理解为,是指公司法人的盖章加其法定代表人或者其授权代理人的签章。

二、公司签章的种类

一般意义上而言,公司签章主要分为以下五种:

(1)公章,主要用于公司对外事务的处理。如处理工商、税务、银行等外部事务时需要加盖公章。

(2)财务专用章,主要用于公司票据的出具,如在出具支票时需要加盖公司财务专用章。

(3)合同专用章,通常在公司签订合同时需要加盖。

（4）法定代表人章，主要用于特定的用途，如公司出具票据时也要加盖此印章。

（5）发票专用章，主要在公司开具发票时需要加盖。

此外，随着《中华人民共和国电子签名法》(以下简称《电子签名法》)的生效实施，电子签章(签名)也具备了相应的法律效力。所谓电子签章(签名)，是指数据电文中以电子形式所含、所附，用于识别签名人身份并表明签名人认可其中内容的数据。电子签名(印章)并不是实体印章的图像化，而是数据电文中以电子形式所含、所附用于识别签名人身份并表明签名人认可其中内容的数据。不过，电子签名的形式并不适用所有公司的运营情境，法律在认可其法律效力的同时，也对电子印章的适用范围作出了限定。如《电子签名法》第3条规定：民事活动中的合同或者其他文件、单证等文书，当事人可以约定使用或者不使用电子签名、数据电文。当事人约定使用电子签名、数据电文的文书，不得仅因为其采用电子签名、数据电文的形式而否定其法律效力。前款规定不适用下列文书：① 涉及婚姻、收养、继承等人身关系的；② 涉及土地、房屋等不动产权益转让的；③ 涉及停止供水、供热、供气、供电等公用事业服务的；④ 法律、行政法规规定的不适用电子文书的其他情形。

三、公司签章的法律效力

事实上，相关法律法规等规定之所以设置了公司签章办理、申请的重重程序与多项材料，其原因在于公司签章所具备的法律效力性。具体而言，签字是把名字、名称签署在已经固定化的文本上的证明效力，盖章是把名字、名称做成印章加盖在已经固定化的文本上的证明效力。而签章的法律效力主要体现在以下四个方面：

（一）对法律行为的确认

公司在实施法律行为时一般选择以书面形式予以固定，从而更为直接地记载、固定公司相对人的意思表示，而意思表示的直接确认手段就是签章，即签名或盖章。通过签章，证明合同或书面协议所载明的意思表示内容为相对人的真实意思表示，进而使得"签章"这一行为的外在表现形式，成为意思表示具备法律效力、确定履行的标志，强化了意思表示所承载的具有法律效力的权利义务关系。

(二)对行为主体的识别

与公司产生意思表示的相对人,不论是何种性质的主体,只要在作出意思表示的合同文本上有签章的行为,则签章上记载的主体就是该法律关系的相对人。

(三)对主体身份的区别

要确认某行为是个人行为还是公司行为,最大的区别就是公司签章的使用。公司的职务行为一般会有公司签章的证明文件,而个人行为则没有。

(四)对代理权限的证明

有公司签章的代理文书具有法律效果。

第二节
公司签章的刻制

一、公司签章刻制的要求

根据《国务院关于国家行政机关和企业事业单位社会团体印章管理的规定》(国发〔1999〕25号)第14条的规定:企业事业单位、社会团体的印章,直径不得大于4.5厘米,中央刊五角星,五角星外刊单位名称,自左而右环行。

二、公司签章刻制的程序和手续

公司需刻制法定名称章、财务专用章、合同专用章、报关章、发票专用章和其他业务专用章以及内设机构章等印章的,必须到公安机关办理审批手续,取得《刻制印章通知书》(随附加密芯片一枚)后,到公安机关核发《特种行业许可证》印章的刻制企业刻制(随附芯片交所选印章刻制企业收回)。

以北京地区为例,刻制企业单位公章,应由企业法定代表人(负责人)持《企业法人营业执照》副本原件和复印件及其有效身份证明办理。企业法定代表人(负责人)无法亲自办理的,可授权他人代为办理,经办人应持《企业法人营业执照》副本原件和复印件、法定代表人(负责人)授权书及其有效身份证明复印件办理。

刻制企业集团公章,应持《企业集团登记证》原件和复印件、母公司介绍信。

刻制企业内设部门公章,应持《企业法人营业执照》副本原件和复印件及加盖企业法定名称章的介绍信办理。企业有权刻制人力资源、保卫等内设部门公章,刻制内设部门公章应符合工商部门核定的经营范围。

企业法定代表人是外国人的,应提供法定代表人签名确认的外文材料中文译本。

企业刻制冠具体名称的项目部公章,应持企业分支机构营业执照副本原件和复印件、隶属企业介绍信。

企业刻制境外机构公章,应持中华人民共和国商务部核发的中国企业境外机构批准证书原件和复印件、企业介绍信。

企业刻制中外文对照的法定名称章,应另行提供企业法定代表人签名确认的外文译本。

企业变更名称后重新刻制公章的,应加持工商局核发的《名称变更通知》原件和复印件。

第三节
公司签章的管理

一、公司签章管理中的法律风险

1. 合同没有加盖合法有效的公章但有法定代表人的签字时,合同仍然有效,除非约定合同生效需签字并盖章

《合同法》第 32 条规定:当事人采用合同书形式订立合同的,自双方当事人签字或者盖章时合同成立。因为法定代表人以公司名义从事民事活动时代表公司,因此仅有法定代表人签字也能使合同成立生效。同理,虽然没有加盖公章,但如果在合同上签字的人得到了公司相应的授权,那么合同一样是有法律效力的。

2. 公章外借他人使用或被公司内部人员私自挪用时,私下签订的合同仍然有效

事实上,这是公司签章管理实践中最常见的问题,也给诸多公司带来不必要的损失。公司作为独立的企业法人,公司印章是其对外进行活动的有形代表和法律凭证,公司负责人或其他管理人员,经过公司授权后,只是印章暂时的持有者和保管者,其行使公司印章所产生的权利义务,应由该公司来承担责任,一般不应由持有者或保管者承担责任。公司自愿将公司印章外借他人使用或被公司内部人员私自挪用,在一般情形下都被视为公司已经授权他人或该人员使用公司印章,因此,该印章所产生的权利义务关系应由该公司承担,对外具备相应的法律效力。

3. 签章被盗、被抢或遗失的处理

如果确属印章被盗(抢),则因该印章的使用而发生的纠纷,企业可不承担责任。

(1) 因为公司签章在公安机关留有备案,所以丢失后第一步应该由法定代表人带身份证原件及复印件、工商营业执照副本原件及复印件到签章丢失地所辖的派出所报案,领取报案证明。

(2) 要让公众知晓丢失的公章已作废,即持报案证明原件及复印件、工商营业执照副本原件及复印件在市级以上每日公开发行的报纸上做登报声明,声明公章作废。

然后,到公安局办理新刻印章的备案;携《营业执照》副本复印件、法定代表人身份证复印件2份、企业出具的刻章证明、法人委托授权书、所有股东身份证复印件各一份、股东证或者工商局打印的股东名册、派出所报案回执及登报声明的复印件。

(3) 办理好新刻印章登记后就可以在公安局指导下新刻印章。

4. 公司章程约定的签章使用规则的效力

公司章程可以约定签章的使用规则,但由于公司章程仅具有对内的约束力,如果签章相对人是善意的,即使签章的使用违反了公司的内部章程,也不应影响合同依法生效。但是,公司可以进行后期追偿,即违反章程使用公章损害公司利益的人,需要对公司承担赔偿责任。

5. 合同上加盖分公司印章的效力

分公司虽然没有独立的法人地位,但分公司也领取营业执照,能够成为民事诉讼的被告,因此在合同上加盖分公司的印章,一般也认定合同有效,但相关的民事责任则由总公司承担。

6. 公司已更改名称使用新印章,盖有原印章的合同对公司仍然效力

企业名称的变更并不影响变更后的公司承担原公司的债务,盖有原企业名称印章的文件对变更后的公司依然具有法律效力。因此对原企业名称印章应当妥善保管,可以明确保管人,必要时可以对该印章进行销毁并登记备案,以降低法律风险。

二、公司印章管理的建议措施

鉴于公司印章风险的高发,企业应该提高警惕,在交易时做好印章审查工作,在日常运营中做好印章使用的审批监管工作。

(1)企业要建立法律风险防控体系,印章管理岗位人员要签订法律风险岗位承诺书,明确印章管理岗位的法律风险防控职责;同时,要加强对印章管理岗位人员法律风险防范的教育,使其认识到印章对企业管理的重要意义,不断提高印章管理的技能和法律风险防范意识。

(2)企业要制定印章管理规定,指定印章归口管理部门,明确企业各部门印章管理职责,明晰印章刻制、使用的业务流程,做到有规可依、有章可循。

(3)企业应当建立统一的印章使用台账,制定印章使用申请表。申请使用印章的单位必须按印章管理规定履行审批程序,经过有权部门和企业领导批准。经企业领导批准后,印章使用单位应填写统一的用印登记表,企业文书人员对用印文件要认真审查,审核与申请用印内容、用印次数是否一致,然后才能在相关文件上用印。用印时必须由印章保管人员亲自用印,不能让他人代为用印,同时不能让印章离开印章保管人员的视线。

(4)印章保管人员必须加强对印章的保管,未经企业印章主管领导或法定代表人合规授权批准,不允许将印章携带外出,特殊情况下需携带外出时,必须指定监印人随同。印章遗失必须在第一时间向公安机关报案,并取得报案证明,同时在当地或项目所在地报纸上刊登遗失声明。

（5）禁止在空白介绍信、空白纸张、空白单据等空白文件上盖公章。如遇特殊情况时，必须经印章主管领导或法定代表人合规授权同意，而且印章使用人应在《印章使用登记表》上写明文件份数，在文件内容实施后，应再次进行核准登记。印章使用人因故不再使用预先盖章的空白文件、资料时，应将文件、资料退回印章监管部门，办理登记手续。在使用预先印章的空白文件、资料过程中，印章使用人应承担相应的工作责任。

（6）企业必须定期检查印章使用情况。企业印章管理部门应按照印章管理规定组织法律、监察等部门对所属单位印章使用情况进行检查，发现问题及时采取相应措施。

（7）企业应加强对项目部印章、部门印章等专门印章的使用管理，限定其用途和使用审批程序，严格按公司行政印章的使用程序要求各级印章保管和使用单位。项目部印章和部门印章等专门印章要严格限定使用范围，不能用于对外签订合同，不能在对外承诺、证明等材料上使用，必要时要将使用权限通知利益相关方，如业主、原材料供应商等。项目部和企业的部门要指定印章用印和保管人，建立使用台账。

（8）企业所属部门发生变更或被撤销后，印章统一管理部门必须收缴部门印章及用印记录；所属分公司注销后，在工商注销手续完成后，必须收缴分公司包括行政印章、合同专用章、财务专用章、负责人名章等在内的全部印章及用印记录；项目部关闭后，项目部印章及用印记录必须全部上缴企业印章管理部门。企业印章管理部门会同法律部门将收缴的印章统一销毁，用印记录由印章管理部门按档案管理规定存档。

（9）企业在遇到仿冒本单位或项目部印章的情况时，企业印章管理部门要及时将有关情况通报法律管理部门，由法律管理部门按法律规定解决。

法规链接

《中华人民共和国合同法》

第三十二条 当事人采用合同书形式订立合同的，自双方当事人签字或者盖章时合同成立。

第十五章

公司对外担保的法律风险防范

引言:不管是初创公司还是发展成熟的公司,都会面临资金拆借问题,而担保是资金拆借中不可回避的话题。

本章主要介绍了公司内部决议对担保效力的影响及上市公司对外担保的法律风险。

第十五章
公司对外担保的法律风险防范
＊＊＊＊＊

公司作为商事主体,具有对外担保的能力。但因对外担保可能使公司面临法律责任,损及公司资产进而影响股东及其他债权人的利益,因此法律不能不予以适当规制。我国《公司法》第 16 条第 1 款对于公司担保作出了规定:"公司向其他企业投资或者为他人提供担保,依照公司章程的规定,由董事会或者股东会、股东大会决议;公司章程对投资或者担保的总额及单项投资或者担保的数额有限额规定的,不得超过规定的限额。"

同时,为了防止公司管理层利用控制公司的便利,为自己提供担保而损害其他股东的权益。《公司法》第 16 条第 2 款、第 3 款进一步规定了表决回避制度:"公司为公司股东或者实际控制人提供担保的,必须经股东会或者股东大会决议。前款规定的股东或者受前款规定的实际控制人支配的股东,不得参加前款规定事项的表决。该项表决由出席会议的其他股东所持表决权的过半数通过。"这是我国法律关于公司担保的一般规定,由此也可以看出,公司章程在公司担保以及转投资领域有较大的自治空间。

因上市公司涉及众多投资者,特别是股东人数众多,股票可以在公开的交易市场上自由流通,因此我国法律对于上市公司的重大担保也作出了特别规定。《公司法》第 121 条规定:"上市公司在一年内购买、出售重大资产或者担保金额超过公司资产总额百分之三十的,应当由股东大会作出决议,并经出席会议的股东所持表决权的三分之二以上通过。"

第一节
公司对外担保需按内部程序作出决议

一、未经股东(大)会决议的对外担保的效力

依据《公司法》第 16 条第 2 款的规定,公司为公司股东或者实际控制人提供担保的,必须经股东会或者股东大会决议。司法实务中,如果公司为股东或者实际控制人提供担保没有经过股东(大)会决议,担保行为是否有效,对此司法实务中存在两种截然不同的观点:

一种观点认为,《公司法》第 16 条第 2 款的规定属于"效力性强制性规范",公司为股东或者实际控制人提供担保,如未经股东(大)会决议,应认定为无效。如在"陈朝华诉李扬云、台州市创造力工贸有限公司等民间借贷纠纷案"以及"戴志锋诉倪静英、嘉善国商大厦有限公司等民间借贷纠纷案"(以下简称"戴志锋案")中,法院即认定担保行为无效。在"戴志锋案"中,浙江省嘉兴市中级人民法院判决的理由认为,戴志锋作为商人,应当知道《公司法》对于公司为股东或实际控制人提供担保必须经过股东会议这一强制性规定,而戴志锋并不能提供有效的担保手续,故对担保无效的后果具有明显过错,应承担主要责任。云南省高级人民法院在"云南舜天房地产开发有限公司等与云南世纪阳光建筑设计有限公司欠款合同纠纷案"中,亦持相同的观点。

另一种观点则认为,《公司法》第 16 条第 2 款的规定属于"管理性强制性规范",公司为股东或者实际控制人提供担保,即使未经股东(大)会决议,也不影响对外担保的效力;但在公司内部,可以依照《公司法》第 148 条第 1 款第 3 项、第 149 条的规定,追究相关高级管理人员的法律责任。如在"尤赛珍诉宁波华宁围海工程有限公司等民间借贷纠纷案"中,浙江省宁波市江东区法院认为:"根据法律规定,违反效力性强制规范才是导致合同无效的法定事由之一,而《公司法》第 16 条是管理性强制规范,而非效力性强制性规范。"同时,在"陈某诉王某、温州市某鞋业有限公司损害股东利益责任纠纷案"中,浙江省温州市瓯海区人民法院认为,"以公司名义为他人借款提供担保十分常见,通常只需法定代表人签字并加盖公司印章即可,若要债权人审查该担保行为是否经过公司股东会过半数表

决权通过,则意味着债权人至少要掌握公司股东名单及持股比例,在拿到股东会决议后还要审查每一个股东签名的真实性,对债权人的审查要求过于严苛。从保护合同有效性及维护民间借贷秩序稳定性考虑,本院认为被告王某未经富康公司股东会同意,让公司为其个人借款提供担保的行为只在富康公司内部产生赔偿责任,而不影响对外担保的效力",遂确认担保行为的效力。

公司对外担保,特别是为本公司股东或者实际控制人提供担保,如果没有经过股东会或者股东大会的决议,其效力如何,实践中争议颇多。归根结底,还是由于对《公司法》第16条的性质存在不同的理解。对此,最高人民法院法官认为:"公司为股东或实际控制人进行担保,即使未经股东会决议,也不宜笼统认定该担保无效,应当根据不同情形分别判断。对封闭性公司,比如有限公司或未上市的股份公司,由于股东人数少,股东通常兼任公司董事或高管,管理层与股东并未实质性地分离,股东对公司重大事项仍有一定的影响力,该类事项即使未经股东会决议,但通常也不违背股东的意志……因此,能否绝对地以未经股东会决议为由认定担保无效,值得商榷"。

本书认为,从保护交易安全、鼓励商事交易以及构建社会信用体系的角度分析,以及根据《最高人民法院关于适用〈中华人民共和国公司法〉若干问题的规定(四)》第6条的规定:"股东会或者股东大会、董事会决议被人民法院判决确认无效或者撤销的,公司依据该决议与善意相对人形成的民事法律关系不受影响",应当将该条理解为训示性规定,即管理性强制规范。其法律渊源还包括:

(1)《最高人民法院公报》2011年卷对《公司法》第16条的以下看法:① 本条文未明确指出上述规定对外提供担保将导致担保合同无效;② 内部决议程序不应拘束第三人;③ 本条文非效力性强制规定。若依本条文使担保合同无效,不利于于维护合同稳定。

(2) 北京市高级人民法院的观点是:① 有限公司的章程不具有对世效力,即便有公开行为,亦不构成第三人应当知道的证据;② 第三人对公司章程不具有审查义务;③ 第三人推定善意,若公司主张第三人恶意,则需负举证责任。

二、相对人应否审查公司对外投资或担保时的股东（大）会或董事会决议

正是基于上述问题效力性的疑问，在司法实务中，也就产生了交易相对人应否审查股东（大）会决议的疑问。

《公司法》第16条第1款规定："公司向其他企业投资或者为他人提供担保，依照公司章程的规定，由董事会或者股东会、股东大会决议……"2005年及2013年的《公司法》，放宽了公司的权利能力，取消了对公司转投资数额的限制，在允许公司对外提供担保的同时，为公司的转投资和担保行为增设了一道程序性要求——经过董事会或股东（大）会决议。

有观点认为，相对人应当审查股东（大）会或董事会决议，具体而言，公司通过章程对转投资或担保事项规定的内部决策程序没有上升为法定要求时，对第三人是没有约束力的，章程并不具有对外公示和对抗的效力，也无权为第三人设定义务。但是，一旦这种决策程序由公司内部要求提升为公司法上的要求时，其效力范围就发生了改变，法律具有普遍适用的效力。第三人与公司签订协议时，应当注意到法律的既有规定。法定决策程序不仅是对公司的限制和要求——提示公司谨慎注意自身行为对资本充实、股东利益以及债权人利益的影响，同样也是对第三人的限制和要求——不能只为自己交易的达成而不顾可能的越权行为对对方公司资本充实、股东利益或债权人利益的影响。担保属单务行为，法律赋予无需支付对价的接受方更高的注意义务是符合一般法律原理的，同时，公司的对外担保和转投资都属于可能显著增加公司的经营风险、弱化公司的经营能力、危及公司资本充实的行为，公司法基于资本维持原则和公司社会责任的考虑，而向担保或投资接受方分配程序性的注意义务，也是符合公司法原则的。另外，从公司代表权角度分析，法定代表人或授权代表人虽然享有普遍的代表权，但《公司法》第16条的规定已经限制了他们就担保或转投资事项的代表权，只有经董事会或者股东（大）会决议通过，公司代表人的代表权才能恢复到完满状态。法定限制推定相对人知晓，相对人未审查决议推定其知晓代表权瑕疵，故该情形下转投资或担保行为无效。

总体而言，上述观点基于法律具有的提示性，对相对人提出了审查义务，在某种程度上符合市场经济行为法律风险防范协同性的要求。但是，以存有相关的法律规定从而成为课以相对人义务的依据的做法是否可

取,甚至影响后期责任的分配与损失的承担,都是需要进行深入论证与探讨的问题。因此,我们在原则上认为,不应对相对人提出明确的审查义务,可将其在具体签订过程中是否进行了审查、审查过程等作为参考。

法规链接

《中华人民共和国公司法》

第十六条 公司向其他企业投资或者为他人提供担保,依照公司章程的规定,由董事会或者股东会、股东大会决议;公司章程对投资或者担保的总额及单项投资或者担保的数额有限额规定的,不得超过规定的限额。

公司为公司股东或者实际控制人提供担保的,必须经股东会或者股东大会决议。

前款规定的股东或者受前款规定的实际控制人支配的股东,不得参加前款规定事项的表决。该项表决由出席会议的其他股东所持表决权的过半数通过。

第二节
上市公司对外担保的法律风险

上市公司对外担保的风险程度主要取决于被担保公司的履约能力,一旦被担保企业因为经营状况恶化或滥用资金等原因导致其到期无法偿还债务,作为担保人的上市公司就需根据担保合同承担连带责任,从而给上市公司造成直接的经济损失,届时,或有负债将变为实际负债。因此,特别是在上市公司对外担保总额超过上市公司偿还能力的情况下,一旦上市公司由于对外担保而承担连带赔偿责任,所诱发的财务风险,将使上市公司陷入经营困境甚至绝境。而上市公司中间的连环担保更是形成了一条担保债务链条,一旦链条中的某一个环节陷入财务泥潭,就可能影响整个链条上所负载的上市公司的正常运行,进而可能影响证券市场的稳定

和健康发展。目前,上市公司对外担保风险主要分为以下四类:

一、上市担保公司自身的风险

对外担保对上市公司的风险是非常直接的,一旦被担保公司没有按期履行还款协议,则担保公司就成了还款的直接责任人,必须履行担保合同或担保协议所规定的还款义务,进而影响上市公司的资金占用、流动情况,从而必然对公司的正常经营产生一定程度的影响。如若未能及时承担或无法承担担保义务,则有可能由于不履行担保义务而被债权人提起诉讼,进而影响上市公司的市场评价、股票涨跌,最终产生更为深刻的影响。

二、流通股股东的风险

事实上,在跌宕起伏难以预料的股票市场里,不论是对外提供担保的公司本身出了问题,还是公司高管出了问题,都要涉及担保公司的股价。而一般而言,流通股股东抵御风险的能力较低、对风险预防的警惕性不足,从而导致更多的时候,流通股股东只能被动地为这些问题公司"买单"。

三、担保链上其他公司的风险

随着经济分工专业化的不断发展与前行,不同经济主体之间的合作与融合也更加深入。这也就造成了某一上市公司的对外担保一旦出了问题,则涉及的就不仅是该上市公司本身,通常还会影响担保链上的其他公司,即某家上市公司对外担保的轻微波动可能导致整个上市公司链条上的连锁反应,甚至蕴含着摧毁整个担保链或担保圈的严重风险。

四、证券市场的金融风险

诚如上文所述,由于上市公司担保链或担保圈上的某一环节出了问题后,它所带来的风险往往不是个别的,首先可能是对整个上市公司担保链条产生难以预料的风险与后果,相应地,由于上市公司的体量与规模,以及整个上市公司担保链的连锁、绞合反应,将会对整个证券市场造成不良的后果。一旦将国家金融运转的基础单位——银行牵涉其中,甚至可能产生影响国家金融安全的巨大风险。

第十六章

企业合同的法律风险防范

引言：合同是企业通向市场的桥梁，完善的合同可以成为企业经营的保护伞。

本章主要介绍了企业合同法律风险的概念、特征、种类及防范途径。

第十六章
企业合同的法律风险防范
* * * * *

当前,在全球经济一体化和我国市场经济日渐成熟的大环境下,合同作为现代企业开展经济活动的重要载体,在企业的日常经营和发展中扮演着愈来愈重要的角色。市场交易行为越来越多的通过这种缔结契约、履行契约的法律行为完成。也正因为如此,合同被看作是企业通向市场的桥梁,桥梁的一端是等待出售商品或提供服务的企业,另一端则是购买产品或服务的客户。在这种连接、搭建中,形成商品、货币的自由流通,从而实现社会经济的发展和生产力的不断提高。

然而,我国当前的市场规则和秩序还很不规范,企业合同极易被不法分子利用,进行各种违法犯罪活动,进而给企业造成巨大的经济损失,甚至动摇企业的经营根基。因此,做好企业的合同管理,防范企业合同可能出现的法律风险,考虑聘用法律顾问,是维护企业合法权益的基本要求。

第一节
企业合同的法律风险

一、企业合同法律风险的概念

《中华人民共和国合同法》第 2 条规定:"合同是平等主体的自然人、法人、其他组织之间设立、变更、终止民事权利义务关系的协议。"

而何谓企业合同的法律风险,在理论上尚未形成统一的意见,主要包括以下几种观点:

第一种观点认为,企业合同法律风险是企业法律风险的一种,是指企业在生产经营活动中基于合同法律关系或者与合同法律行为相关的各种风险因素相互作用,在一定条件下导致风险事件发生并产生一定的结果。

第二种观点认为,企业合同法律风险,是指企业在订立、履行合同的过程中,未来实际结果与预期目标发生差异而导致企业必须承担法律责任,并因此而给企业造成损害的可能性。它常常是由于企业外部的法律环境发生变化,或者由于企业主体及其员工未按照法律规定或者未按照合同约定行使权利、履行义务而造成的。

第三种观点认为,企业合同法律风险对应流程风险,是指在具体从事合同业务过程中所遇到的风险。更多地强调操作层面的风险,体现的是法律业务的特点,它更偏重法律业务的管理流程操作,关注的是"是否"的问题,而不是如何操作的问题。本书主要采用第一种观点作为论述基础,同时结合合同准备、合同签订、合同履行和合同救济等合同环节综合展开。

二、企业合同法律风险的特征

企业合同法律风险由企业合同风险因素、风险事件和风险后果共同构成,具有以下特征:

1. 企业合同风险因素的多元性

企业合同法律风险具有因素的多元性,即企业合同风险是由两个或两个以上的风险因素构成的。所谓风险因素的多元性,并非是指单一风险因素不能造成企业遭受经济损失,而是在通常情况下,使得企业由于合同遭受损失的风险一般是多元的、综合的。

2. 企业合同风险因素与风险事件成正相关关系

构成企业合同法律风险的因素与导致企业合同风险事件发生成正相关关系。即通常情况下而言,企业风险构成因素越多,导致企业合同损失结果的可能性越大,反之则越小。不过,也不排除由于单一的企业风险因素导致企业合同遭受重大损失的可能与情形。

3. 企业合同法律风险的构成要件

企业合同法律风险的构成具有构成要件要求,除了要求具有合同风险因素和合同风险事件两个要件外,还必须要有一定的风险结果产生。也就是说,即使客观存在合同风险因素和合同风险事件,但并没有造成客观的经济损失、权利侵害等,也不称之为企业合同的法律风险。

三、企业合同法律风险的种类

根据企业合同法律风险产生的时间,常见的合同法律风险主要分为以下几种：

1. 合同签订前隐藏的法律风险

这类法律风险往往表现在合同相对方的主体资格和履约能力方面。因为合同签订前没有对合同相对方作必要的调查和了解，与主体资格有瑕疵的当事人或代理人签署合同，最后导致合同无效或合同效力待定；或与履约能力有欠缺的当事人或代理人签署合同，最后导致合同无法履行。

2. 合同签订时存在的风险

这类法律风险往往发生在合同内容与合同形式方面。合同的内容方面主要表现在，合同内容违反了法律的强制性规定而最终导致合同无效。合同内容的法律风险，也称合同文本法律风险，即合同约定条款中的法律风险。合同条款是缔约方权利义务的外部表现方式，其组成要素主要有合同标的、质量、数量、履行方式、违约责任等。在实务操作中，每种要素处置不当，都有可能引起争议或纠纷。《合同法》第52条规定，有下列情形之一的，合同无效：（一）一方以欺诈、胁迫的手段订立合同，损害国家利益；（二）恶意串通，损害国家、集体或者第三人利益；（三）以合法形式掩盖非法目的；（四）损害社会公共利益；（五）违反法律、行政法规的强制性规定。

3. 合同履行过程中的法律风险

这类法律风险主要是指企业在履行合同过程中，对方违反合同的约定，或遇到不可抗力影响等，造成企业的经济损失。从当前企业合同法律风险防范的实践来看，存在着风险防范"头重脚轻"的现象，即对合同准备、签订环节的合同风险防范较为重视，而对于合同的实际履行反而容易产生疏忽风险防范的现象。事实上，合同签订后，要使合同目的最终得以实现，需要做好合同履行过程中的组织和管理工作，以避免合同履行过程中的风险实害化。应当加强合同任务的组织落实和监督、检查，保证合同目标的实现。合同签署后如果没有后续的履行方面的管理，很可能导致合同违约。

4. 合同产生纠纷时的法律风险

这类法律风险主要是指在合同可能产生纠纷时，由于应对措施不力、管理疏忽而导致己方在日后诉讼中处于不利境地。其中，较为典型的代表就是时效风险和证据材料风险。前者是指，对于产生争议的合同，由于管理方面的原因，超过了法律规定的诉讼时效期限，从而丧失了诉权，使企业蒙受损失的风险。后者是指，合同文本或者与合同订立相关的能够证明合同订立行为或合同关系成立的所有支持性资料存在审核未尽责或保管、管理和储存不力等风险。这些证据资料包括要约、承诺等文书往来传递的文本文件，数据电文，传真文件，能够证明签约主体资质的证明文件，相关公证、鉴证、见证文件，合同履行过程衍生的相关资料和文件，如验收单等。企业在签订合同过程中，要注意收集和保存这些资料，及时形成合同档案，重视这些资料的证据价值。

第二节
企业合同法律风险的防范

一、增强合同管理意识

合同风险防范是企业风险防范的重要组成部分，而通过制定行之有效的合同管理制度、采取切实可行的合同管理手段、保障签约诸环节的规范运作，无疑是防范企业合同风险、有效保证签约质量，达到保护市场经济交易安全的重要选择。

所谓合同管理，是指合同当事人为实现合同目的，根据自身具体情况，依照合同法等有关法律法规，在合同准备、谈判、签署、生效、变更、解除直至解决纠纷、救济权利的整个过程中所进行的一系列民商事法律行为及管理行为。具体而言，合同管理就是以合同为管理对象，通过合同订立、履行、监督及维护，在规避法律风险的同时去实现合同价值最大化的操作体系。合同的订立是合同管理的初始阶段，也是合同管理的基础；合同的履行是双方利益实现的必经程序，是合同管理的前期阶段，也是合同管理的核心；合同的监督包括订立监督及履行监督，是合同管理的中期阶段，也是合同管理的关键；合同的维护是合同管理的后期阶段，也是合同管理的必要阶段。

合同管理作为企业管理的重要组成部分，企业有必要进行加强和完善，即组织、实施好合同管理对保障企业正常的生产经营具有至关重要的意义和作用。企业合同管理的重要性和必要性表现在：从市场角度来说，企业合同管理能够兑现企业对市场的承诺，提升企业的诚信度，树立企业的品牌和形象，实现企业的可持续发展，使企业更加牢固地立足市场。从企业的角度来说，一方面，使企业在合同订立到履约直至合同失效的全过程中维护自身的合法权益，确保企业经营活动的顺利开展；另一方面，使企业的经营活动与市场接轨，满足市场的需求，提高企业对市场的适应和竞争能力。企业合同管理是当今市场经济条件下企业管理的一项核心内容，企业管理的各个方面都应围绕着这个核心而展开，其根本目标在于通过规范公司在合同立项、谈判、签订、履行及其监督管理等诸环节的业务行为，减少合同纠纷，保障企业在经济活动中的合法权益不受侵害，保证企业依法有序的生产经营，维护企业的经营秩序，提高经济效益，促进企业健康发展。

二、建立严格的合同审查制度

1. 合法性审查

合同的合法性主要包括订立主体的合法性、合同形式的合法性、合同内容的合法性及合同订立手续的合法性。主体是否合法主要是审核与企业资质相关的各种证件，如营业执照、资质和许可证等方面是否合法。合同形式的合法性则重点是指那些需要书面形式的合同，或者对需要书面说明的条款的审核，如担保条款。合同内容的合法性，则需要从当事人意思表示的真实性和合法性两个角度来审核，如是否有重大误解的存在，是否有欺诈或串通等非法手段。合同的订立手续，是指那些国家法律法规中规定有特许审核批准要求的合同，是否已经履行了前期的批准或披露程序。

2. 条款完整性、周密性审查

合同条款的完整性和周密性审查是建立在对合同的整体框架结构和相应的法律法规规定的把握基础之上的。合同条款的完整和周密不仅是指语言上的严谨，还是指法律上的对称，即在权利和义务上的对称。企业所签订的合同通常都是双务有偿的合同，彼方的权利对应此方的义务，彼方的义务对应此方的权利。合同中的权利义务不对等，往往不是隐藏陷阱，就是在合同价格或履行条件上有相应的弥补。对于合同的起草方来说，通常是将合同起草成有利于自身的模式，因此合同的审核方应当在审核和修订的过程中将不利于自己的地方进行填补。

三、聘请法律顾问

法律顾问是指律师依法接受公民、法人或者其他组织的聘请,以自己的法律专业知识和法律专业技能,为聘请方提供全方位法律服务的专业性活动。法律顾问可以为聘请方提供法律上的意见或建议,对于保障聘请方的合法权益、规避和防范法律风险、减少诉讼和预防潜在纠纷、避免决策失误等都至关重要。根据《中华人民共和国律师法》第 28 条、第 29 条和中华全国律师协会发布的《律师法律顾问工作规则》第 14 条之规定,法律顾问的业务范围大致可以概括为:为顾问单位解答各种法律咨询;就顾问单位提出的法律问题进行分析、论证,并提出意见或建议,根据需要出具法律意见书;为顾问单位草拟、修改、审查各类合同等方面。

具体到企业合同风险防范领域,法律顾问最大的作用就是通过专业、全面和高效的法律服务,帮助顾问企业预防和化解企业合同纠纷。企业聘请专业律师事务所担任法律顾问,通过专业律师对合同的全面审查,对关涉企业合同规章制度的法律评审,对企业合同事务的风险评估,对企业合同争议案件的代理,对企业合同法律问题的咨询论证,可以帮助企业及时发现和排除法律风险隐患,避免和减少法律纠纷的产生。企业合同纠纷一般多发生在合同的签订、履行、变更、终止等环节,法律顾问可以通过帮助企业建立规范的合同管理制度,完善合同内部管理流程,建立合同履行监督机制,及时发现并预防合同纠纷的发生。

结语

企业合同风险防范不是某一个部门的事情,更需要企业各部门之间、各不同管理层次之间协调配合来共同完成。制度的建构、风险的防范仿若积薪,须久久为功,长期着力。企业合同风险的防范绝非一蹴而就的短时工程,而是需要点滴积累、长期坚持的千里之行。

附 录

* * * * *

文书样式1：有限责任公司章程参考范本

××有限责任公司章程

第一章 总 则

第一条 依据《中华人民共和国公司法》（以下简称《公司法》）及有关法律、法规的规定，由_____等_____方共同出资，设立_____有限责任公司（以下简称公司），特制定本章程。

第二条 本章程中的各项条款与法律、法规、规章不符的，以法律、法规、规章的规定为准。

第二章 公司名称和住所

第三条 公司名称：_____。
第四条 住所：_____。

第三章 公司经营范围

第五条 公司经营范围：（注：根据实际情况具体填写）。

第四章 公司注册资本及股东的姓名（名称）、出资方式、出资额、出资时间

第六条 公司注册资本：_____万元人民币。
第七条 股东的姓名（名称）、认缴及实缴的出资额、出资时间、出资方式如下：

股东姓名或名称	认缴情况			设立(截至变更登记申请日)时实际缴付			分期缴付		
	出资数额	出资时间	出资方式	出资数额	出资时间	出资方式	出资数额	出资时间	出资方式
合计	其中货币出资								

第五章　公司的机构及其产生办法、职权、议事规则

第八条　股东会由全体股东组成,是公司的权力机构,行使下列职权:

(一) 决定公司的经营方针和投资计划;

(二) 选举和更换非由职工代表担任的董事、监事,决定有关董事、监事的报酬事项;

(三) 审议批准董事会(或执行董事)的报告;

(四) 审议批准监事会或监事的报告;

(五) 审议批准公司的年度财务预算方案、决算方案;

(六) 审议批准公司的利润分配方案和弥补亏损的方案;

(七) 对公司增加或者减少注册资本作出决议;

(八) 对发行公司债券作出决议;

(九) 对公司合并、分立、解散、清算或者变更公司形式作出决议;

(十) 修改公司章程;

(十一) 其他职权(注:由股东自行确定,如股东不作具体规定应将此条删除)。

第九条　股东会的首次会议由出资最多的股东召集和主持。

第十条　股东会会议由股东按照出资比例行使表决权(注:此条可由股东自行确定按照何种方式行使表决权)。

第十一条　股东会会议分为定期会议和临时会议。

召开股东会会议,应当于会议召开十五日以前通知全体股东(注:此条可由股

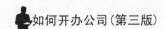

东自行确定时间)。

定期会议按(注:由股东自行确定)定时召开。代表十分之一以上表决权的股东,三分之一以上的董事,监事会或者监事(不设监事会时)提议召开临时会议的,应当召开临时会议。

第十二条　股东会会议由董事会召集,董事长主持;董事长不能履行职务或者不履行职务的,由副董事长主持;副董事长不能履行职务或者不履行职务的,由半数以上董事共同推举一名董事主持。

(注:有限责任公司不设董事会的,股东会会议由执行董事召集和主持。)

董事会或者执行董事不能履行或者不履行召集股东会会议职责的,由监事会或者不设监事会的公司的监事召集和主持;监事会或者监事不召集和主持的,代表十分之一以上表决权的股东可以自行召集和主持。

第十三条　股东会会议作出修改公司章程、增加或者减少注册资本的决议,以及公司合并、分立、解散或者变更公司形式的决议,必须经代表三分之二以上表决权的股东通过(注:股东会的其他议事方式和表决程序可由股东自行确定)。

第十四条　公司设董事会,成员为_____人,由_____产生(注:股东人数较少或者规模较小的有限责任公司,可以设一名执行董事,不设董事会)。董事任期_____年,任期届满,可连选连任。

董事会设董事长一人,副董事长_____人,由_____产生。

(注:股东自行确定董事长、副董事长的产生方式)

第十五条　董事会行使下列职权:

(一)负责召集股东会,并向股东会议报告工作;

(二)执行股东会的决议;

(三)审定公司的经营计划和投资方案;

(四)制订公司的年度财务预算方案、决算方案;

(五)制订公司的利润分配方案和弥补亏损方案;

(六)制订公司增加或者减少注册资本以及发行公司债券的方案;

(七)制订公司合并、分立、变更公司形式、解散的方案;

(八)决定公司内部管理机构的设置;

(九)决定聘任或者解聘公司经理及其报酬事项,并根据经理的提名决定聘任或者解聘公司副经理、财务负责人及其报酬事项;

(十)制定公司的基本管理制度;

(十一)其他职权(注:由股东自行确定,如股东不作具体规定应将此条删除)。

(注:执行董事的职权由股东自行确定)

第十六条 董事会会议由董事长召集和主持;董事长不能履行职务或者不履行职务的,由副董事长召集和主持;副董事长不能履行职务或者不履行职务的,由半数以上董事共同推举一名董事召集和主持。

第十七条 董事会决议的表决,实行一人一票。

董事会的议事方式和表决程序(注:由股东自行确定)。

第十八条 公司设经理,由董事会决定聘任或者解聘。经理对董事会负责,行使下列职权:

(一) 主持公司的生产经营管理工作,组织实施董事会决议;

(二) 组织实施公司年度经营计划和投资方案;

(三) 拟订公司内部管理机构设置方案;

(四) 拟订公司的基本管理制度;

(五) 制定公司的具体规章;

(六) 提请聘任或者解聘公司副经理、财务负责人;

(七) 决定聘任或者解聘除应由董事会决定聘任或者解聘以外的负责管理人员;

(八) 董事会授予的其他职权。

(注:以上内容也可由股东自行确定。)

经理列席董事会会议。

第十九条 公司设监事会,成员_____人,监事会设主席一人,由全体监事过半数选举产生。监事会中股东代表监事与职工代表监事的比例为_____:_____(注:由股东自行确定,但其中职工代表的比例不得低于1/3)。

监事的任期每届为三年,任期届满,可连选连任。

(注:股东人数较少、规格较小的公司可以设1—2名监事)

第二十条 监事会或者监事行使下列职权:

(一) 检查公司财务;

(二) 对董事、高级管理人员执行公司职务的行为进行监督,对违反法律、行政法规、公司章程或者股东会决议的董事、高级管理人员提出罢免的建议;

(三) 当董事、高级管理人员的行为损害公司的利益时,要求董事、高级管理人员予以纠正;

（四）提议召开临时股东会会议，在董事会不履行本法规定的召集和主持股东会会议职责时，召集和主持股东会会议；

（五）向股东会会议提出提案；

（六）依照《中华人民共和国公司法》第一百五十一条的规定，对董事、高级管理人员提起诉讼；

（七）其他职权（注：由股东自行确定，如股东不作具体规定应将此条删除）。

监事可以列席董事会会议。

第二十一条 监事会每年度至少召开一次会议，监事可以提议召开临时监事会会议。

第二十二条 监事会决议应当经半数以上监事通过。

监事会的议事方式和表决程序（注：由股东自行确定）。

第六章 公司的法定代表人

第二十三条 董事长为公司的法定代表人（注：也可是执行董事或经理），任期＿＿＿＿年，由＿＿＿＿选举产生，任期届满，可连选连任（注：由股东自行确定）。

第七章 股东会会议认为需要规定的其他事项

第二十四条 股东之间可以相互转让其部分或全部出资。

第二十五条 股东向股东以外的人转让股权，应当经其他股东过半数同意。股东应就其股权转让事项书面通知其他股东征求同意，其他股东自接到书面通知之日起满三十日未答复的，视为同意转让。其他股东半数以上不同意转让的，不同意的股东应当购买该转让的股权；不购买的，视为同意转让。

经股东同意转让的股权，在同等条件下，其他股东有优先购买权。两个以上股东主张行使优先购买权的，协商确定各自的购买比例；协商不成，按照转让时各自的出资比例行使优先购买权。

（注：以上股权转让的办法亦可由股东另行确定）

第二十六条 公司的营业期限为＿＿＿＿年，自公司营业执照签发之日起计算。

第二十七条 有下列情形之一的，公司清算组应当自公司清算结束之日起三十日内向原公司登记机关申请注销登记：

（一）公司被依法宣告破产；
（二）公司章程规定的营业期限届满或者公司章程规定的其他解散事由出现，但公司通过修改公司章程而存续的除外；
（三）股东会决议解散；
（四）依法被吊销营业执照、责令关闭或者被撤销；
（五）人民法院依法予以解散；
（六）法律、行政法规规定的其他解散情形。
（注：本章节内容除上述条款外，股东可根据《公司法》的有关规定，将认为需要记载的其他内容一并列明）

第八章 利润分配

第二十八条 公司每年会计年度结束后进行一次利润分配，分配按各方投资比例。

第二十九条 分配利润具体情况由董事会决定。

第九章 公司的财务、会计

第三十条 公司依照法律、行政法规和国务院财政主管部门的规定建立本公司的财务、会计制度，财务会计报告应依法经审查验证，于每年度结束后_____日内将财务会计报告递交各股东。

第三十一条 公司分配当年税后利润，应当提取利润的百分之十列入公司法定公积金，并提取利润的百分之_____列入公司法定公益金，公司法定公积金累计额为公司注册资本的百分之五十以上时，不再提取。

公司法定公积金不足弥补上一年度亏损的，在依照前款提取法定公积金和法定公益金之前，应当先用当年利润弥补亏损。

第三十二条 公司提取的法定公益金用于本公司职工的集体福利。

第三十三条 公司的财务由_____部门负责，设会计_____人。

（注：按照法律规定，财务会计报告包括资产负债表、资金损益表、财务状况变动表、财务情况说明书和利润分配表。公司必须提取10%的法定公积金和5%至10%的法定公益金，经股东会决议还可提取任意公积金。公司年度财务会计报告非经依法审查验证，不得分红）

第十章 劳动管理、工资福利及社会保险

第三十四条 公司遵守国家有关劳动人事制度，职工实行聘用合同制。

第三十五条 公司执行国家颁布的有关职工劳保福利和社会保险规定。本公司研究决定有关职工工资、福利及劳动保护、劳动保险等职工切身利益的问题，应当事先听取公司工会和职工的意见和建议。

第十一章 其他事项

第三十六条 本章程未尽事宜，依照《公司法》及有关法律规定执行。

第三十七条 本公司名称、住所和经营范围等涉及公司设立登记事项的，以公司登记机关核准事项为准。

第三十八条 本章程由全体股东共同制订，并经全体股东一致同意并签字、盖章后生效；如修改公司章程，应经股东会会议三分之二以上表决权的股东通过形成决议。修改后的章程和股东会关于修改章程的决议，报公司登记机关备案。

第三十九条 本章程解释权归公司股东会。本章程一式十一份，公司_____份，公司登记机关_____份。

全体股东亲笔签字、盖公章：

年　月　日

文书样式2：股份有限公司章程参考范本

××股份有限公司章程

第一章 总　　则

第一条 依据《中华人民共和国公司法》（以下简称《公司法》）及有关法律、法规的规定，由_____等_____方共同发起设立，特制定本章程。

第二条 本章程中的各项条款与法律、法规、规章不符的，以法律、法规、规章的规定为准。

第二章 公司名称和住所

第三条 公司名称：_____。

第四条 住所：_____。

第三章 公司经营范围

第五条 公司经营范围(注:根据实际情况参照《国民经济行业分类》具体填写)。

第四章 公司设立方式

第六条 公司设立方式:发起设立。

第五章 公司股份总数、每股金额和注册资本

第七条 公司股份总数:_____万股。
第八条 公司股份每股金额:_____元。
第九条 公司注册资本:_____万元人民币。
第十条 公司增加或减少注册资本,必须召开股东大会并作出决议。

第六章 发起人的姓名(名称)、认购的股份数、出资方式和出资时间

第十一条 发起人的姓名(名称)、认购的股份数、出资方式和出资时间如下:

发起人姓名或名称	认缴情况			设立(截至变更登记申请日)时实际缴付			分期缴付		
	认购股份数	出资方式	出资时间	认购股份数	出资时间	出资方式	认购股份数	出资时间	出资方式
合计	其中货币出资								

第七章 公司股东大会的组成、职权和议事规则

第十二条 公司股东大会由全体发起人(股东)组成。股东大会是公司的权力机构,其职权是:

(一) 决定公司的经营方针和投资计划;

(二) 选举和更换非由职工代表担任的董事、监事,决定有关董事、监事的报酬事项;

(三) 审议批准董事会的报告;

(四) 审议批准监事会的报告;

(五) 审议批准公司的年度财务预算方案、决算方案;

(六) 审议批准公司的利润分配方案和弥补亏损方案;

(七) 对公司增加或者减少注册资本作出决议;

(八) 对发行公司债券作出决议;

(九) 对公司合并、分立、解散、清算或者变更公司形式作出决议;

(十) 修改公司章程;

(十一) 公司章程规定的其他职权(注:由股东发起人自行确定,如发起人不作具体规定,应将此条删除)。

对上述所列事项股东以书面形式一致表示同意的,可以不召开股东大会,直接作出决定,并由全体股东在决定文件上签名、盖章。

第十三条 股东大会应当每年召开一次年会。有下列情形之一的,应当在两个月内召开临时股东大会:

(一) 董事人数不足《公司法》规定人数或者公司章程所定人数的三分之二时;

(二) 公司未弥补的亏损达实收股本总额三分之一时;

(三) 单独或合计持有公司百分之十以上股份的股东请求时;

(四) 董事会认为必要时;

(五) 监事会提议召开时;

(六) 其他情形(注:股东可以自行约定,如没有,则删除此条)。

第十四条 股东大会会议由董事会召集,董事长主持;董事长不能履行职务或不履行职务的,由副董事长主持;副董事长不能履行职务的,由半数以上董事共同推举一名董事主持。

董事会不能履行或者不履行召集股东大会会议职责的,监事会应当及时召集和主持;监事会不召集和主持的,连续九十日以上单独或者合计持有公司百分之十以上股份的股东可以自行召集和主持。

第十五条 召开股东大会会议,应当将会议召开的时间、地点和审议的事项于会议召开二十日前通知各股东;临时股东大会应当于会议召开十五日前通知各股东;发行无记名股票的,应当于会议召开三十日前公告会议召开的时间、地点和审议的事项。

单独或者合计持有公司百分之三以上股份的股东,可以在股东大会召开十日前提出临时提案并书面提交董事会;董事会应当在收到提案后二日内通知其他股东;并将该临时提案提交股东大会审议。临时提案的内容应当属于股东大会职权范围,并有明确议题和具体决议事项。

股东大会不得对前两款通知中未列明的事项作出决议。

无记名股票持有人出席股东大会会议的,应当于会议召开五日前至股东大会闭会时将股票交存于公司。

第十六条 股东大会作出决议,必须经出席会议的股东所持表决权过半数通过。股东大会作出修改公司章程、增加或者减少注册资本的决议,以及公司合并、分立、解散或者变更公司形式的决议,必须经出席会议的股东所持表决权的三分之二以上通过。但是,股东大会作出修改公司章程、增加或者减少注册资本的决议,以及公司合并、分立、解散或者变更公司形式的决议,必须经出席会议的股东所持表决权的三分之二以上通过。

(注:其他重大事项的规则由股东自行约定)

第十七条 股东可以委托代理人出席股东大会会议,代理人应当向公司提交股东授权委托书,并在授权范围内行使表决权。

第十八条 股东大会应当对会议所议事项的决定作成会议记录,主持人、出席会议的董事应当在会议记录上签名。会议记录应当与出席会议股东的签名册及代理出席的委托书一并保存。

第八章 董事会的组成、职权和议事规则

第十九条 公司设董事会,成员为_____人,非由职工代表担任的董事由股东大会选举产生;职工代表董事由公司职工通过职工代表大会(或职工大会等)行使民主选举产生。董事任期_____年,任期届满,可连选连任。

董事任期届满未及时改选,或者董事在任期内辞职导致董事会成员低于法定人数的,在改选出的董事就任前,原董事仍应当依照法律、行政法规和公司章程的规定,履行董事职责。

董事会设董事长一人,副董事长_____人,由董事会以全体董事过半数选举产生。

第二十条 董事会行使下列职权:
(一)负责召集股东大会,并向股东大会报告工作;
(二)执行股东大会的决议;
(三)审定公司的经营计划和投资方案;
(四)制订公司的年度财务预算方案、决算方案;
(五)制订公司的利润分配方案和弥补亏损方案;
(六)制订公司增加或者减少注册资本以及发行公司债券的方案;
(七)制订公司合并、分立、变更公司形式、解散的方案;
(八)决定公司内部管理机构的设置;
(九)决定聘任或者解聘公司经理及其报酬事项,并根据经理的提名决定聘任或者解聘公司副经理、财务负责人及其报酬事项;
(十)制定公司的基本管理制度;
(十一)其他职权(注:由发起人自行确定,如发起人不作具体规定,应将此条删除)。

第二十一条 董事会会议由董事长召集和主持;副董事长协助董事长履行职务,董事长不能履行职务或者不履行职务的,由副董事长履行职务;副董事长不能履行职务或者不履行职务的,由半数以上董事共同推举一名董事履行职务。

第二十二条 董事会每年度至少召开两次会议,每次会议应当于会议召开十日前通知全体董事和监事。

代表十分之一以上表决权的股东、三分之一以上的董事或者监事,可以提议召开董事会临时会议。董事长应当自接到提议后十日内,召集和主持董事会会议。

董事会召开临时会议的通知方式和通知时间由发起人或董事自行约定。

第二十三条 董事会会议应有过半数的董事出席方可举行。董事会作出决议,必须经全体董事过半数通过。

董事会决议的表决,实行一人一票。

第二十四条 董事会会议应由董事本人出席;董事因故不能出席,可以书面委托其他董事代为出席,委托书中应载明授权范围。

第二十五条 董事会应当对会议所议事项的决定作成会议记录,出席会议的董事应当在会议记录上签名。

董事应当对董事会的决议承担责任。董事会的决议违反法律、行政法规或者公司章程、股东大会决议,致使公司遭受严重损失的,参与决议的董事对公司负赔偿责任。但经证明在表决时曾表明异议并记载于会议记录的,该董事可以免除责任。

第二十六条 公司设经理,由董事会决定聘任或者解聘。经理对董事会负责,行使下列职权：

（一）主持公司的生产经营管理工作，组织实施董事会决议；

（二）组织实施公司年度经营计划和投资方案；

（三）拟订公司内部管理机构设置方案；

（四）拟订公司的基本管理制度；

（五）制定公司的具体规章；

（六）提请聘任或者解聘公司副经理、财务负责人；

（七）决定聘任或者解聘除应由董事会决定聘任或者解聘以外的负责管理人员；

（八）董事会授予的其他职权。

（注：以上内容也可由发起人自行确定。）

经理列席董事会会议。

第九章　公司的法定代表人

第二十七条　董事长为公司的法定代表人（注：由发起人按照《公司法》第13条自行约定），任期_____年，由_____选举产生，任期届满，可连选连任。

第二十八条　法定代表人行使下列职权（注：由发起人自行确定）：

（一）……

第十章　监事会的组成、职权和议事规则

第二十九条　公司设监事会。监事会成员_____人（注：不得少于3人），监事会中股东代表监事与职工代表监事的比例为_____比_____（注：由股东自行确定，但其中职工代表的比例不得低于1/3）。监事会中的股东代表监事由股东大会选举产生，职工代表由公司职工通过职工代表大会（职工大会或者其他形式）民主选举产生。

监事会设主席一人，由全体监事过半数选举产生。监事会主席召集和主持监事会会议；监事会主席不能履行职务或者不履行职务的，由监事会副主席召集和主持；监事会副主席不能履行职务或者不履行职务的，由半数以上监事共同推举一名监事召集和主持监事会会议。

董事、高级管理人员不得兼任监事。

监事的任期每届为三年，任期届满，可连选连任。

监事任期届满未及时改选，或者监事在任期内辞职导致监事会成员低于法定

人数的,在改选出的监事就任前,原监事仍应当依照法律、行政法规和公司章程的规定,履行监事职务。

第三十条 监事会行使下列职权:

(一)检查公司财务;

(二)对董事、高级管理人员执行公司职务的行为进行监督,对违反法律、行政法规、公司章程或者股东会决议的董事、高级管理人员提出罢免的建议;

(三)当董事、高级管理人员的行为损害公司的利益时,要求董事、高级管理人员予以纠正;

(四)提议召开临时股东大会,在董事会不履行本章程规定的召集和主持股东大会职责时,召集和主持股东大会;

(五)向股东大会提出提案;

(六)依照《中华人民共和国公司法》第一百五十一条的规定,对董事、高级管理人员提起诉讼;

(七)其他职权(注:由发起人自行确定,如发起人不作具体规定,应将此条删除)。

监事可以列席董事会会议。

第三十一条 监事会每六个月至少召开一次会议,监事可以提议召开临时监事会会议。

第三十二条 监事会决议应当经半数以上监事通过。监事会应当对所议事项的决定作成会议记录,出席会议的监事应当在会议记录上签名。

第三十三条 监事会的议事方式和表决程序,除《公司法》有规定外,由股东在公司章程中自行约定。

第十一章 公司利润分配办法

第三十四条 公司分配当年税后利润时,应当提取利润的百分之十列入公司法定公积金。公司的法定公积金不足以弥补以前年度亏损的,在依照前款规定提取法定公积金前,应当先用当年利润弥补亏损。

第三十五条 税后利润的分配方式由股东自行约定。

第十二章 公司的解散事由与清算办法

第三十六条 公司有以下情形之一时,解散并进行清算:

(一)公司章程规定的营业期限届满或者公司章程规定的其他解散事由出现;

（二）股东大会决议解散；

（三）因公司合并或者分立需要解散；

（四）依法被吊销营业执照、责令关闭或者被撤销；

（五）人民法院依照《公司法》第一百八十二条的规定予以解散；

（六）其他解散事由出现（注：由股东自行约定，如不作具体规定，应删除此条）。

第三十七条　公司因第三十六条第（一）项规定而解散的，可以经出席股东大会会议的股东所持表决权的三分之二以上通过修改公司章程而存续。

第三十八条　公司因第三十六条第（一）（二）（四）（五）项规定而解散的，应当在解散事由出现之日起十五日内成立清算组，开始清算（注：清算组的组成及职权由股东约定）。

第三十九条　清算组应当自成立之日起十日内通知债权人，并于六十日内在报纸上公告。

第四十条　在申报债权期间，清算组不得对债权人进行清偿。

第十三章　公司的通知和公告办法

第四十一条　公司有下列情形之一的，应予通知（注：由发起人自行约定）。

第四十二条　公司通知可采用邮递或送达形式，必要时也可采用函电的方式。除国家法律、法规规定的公告事项外，公司通知可采用公告形式（注：由股东自行约定）。

第十四章　股东大会会议认为需要规定的其他事项

第四十三条　股东持有的股份可以依法转让。

第四十四条　股东大会选举董事、监事，可以实行累计投票制。

第四十五条　公司的营业期限_____年（注：由股东自行约定），自公司营业执照签发之日起计算。

第四十六条　公司登记事项以公司登记机关核定的为准。

第四十七条　本章程一式_____份，并报公司登记机关一份。

（注：本章节内容除上述条款外，股东可根据《公司法》的有关规定，将认为需要记载的其他内容一并列明）。

全体股东亲笔签字、盖章：

年　月　日

文书样式3:有限责任公司股东会会议议事规则参考范本

××有限责任公司股东会会议议事规则

第一章 总 则

第一条 为规范公司行为,保证股东会依法行使职权,根据《中华人民共和国公司法》(以下简称《公司法》)和本公司章程的规定,制定本规则。

第二条 公司应当严格按照法律、行政法规、本规则及公司章程的相关规定召开股东会,保证股东能够依法行使权利。

公司董事会应当切实履行职责,认真、按时组织股东会。公司全体董事应当勤勉尽责,确保股东会正常召开和依法行使职权。

第三条 股东会应当在《公司法》和公司章程规定的范围内行使职权。

第四条 股东会分为年度股东会和临时股东会。年度股东会每年召开一次,应当于上一会计年度结束后的五个月内举行。临时股东会不定期召开,出现《公司法》第一百条规定的应当召开临时股东会的情形时,临时股东会应当在两个月内召开。

第二章 股东会的召集

第五条 董事会应当在本规则第四条规定的期限内按时召集股东会。

第六条 监事会有权向董事会提议召开临时股东会,并应当以书面形式向董事会提出。董事会应当根据法律、行政法规和公司章程的规定,在收到提议后十日内提出同意或不同意召开临时股东会的书面反馈意见。

董事会同意召开临时股东会的,应当在作出董事会决议后的五日内发出召开股东会的通知,通知中对原提议的变更,应当征得监事会的同意。

董事会不同意召开临时股东会,或者在收到提议后十日内未作出书面反馈的,视为董事会不能履行或者不履行召集股东会会议职责,监事会可以自行召集和主持。

第七条 持有公司百分之十以上表决权股份的股东有权向董事会请求召开临时股东会,并应当以书面形式向董事会提出。董事会应当根据法律、行政法规和公司章程的规定,在收到请求后十日内提出同意或不同意召开临时股东会的书面反馈意见。

董事会同意召开临时股东会的,应当在作出董事会决议后的五日内发出召开股东会的通知,通知中对原请求的变更,应当征得相关股东的同意。

董事会不同意召开临时股东会,或者在收到请求后十日内未作出反馈的,持有公司百分之十以上表决权股份的股东有权向监事会提议召开临时股东会,并应当以书面形式向监事会提出请求。

监事会同意召开临时股东会的,应在收到请求五日内发出召开股东会的通知,通知中对原请求的变更,应当征得相关股东的同意。

监事会未在规定期限内发出股东会通知的,视为监事会不召集和主持股东会,持有公司百分之十以上表决权资本的股东可以自行召集和主持。

第八条 监事会或股东自行召集的股东会,会议所必需的费用由公司承担。

第三章 股东会的提案与通知

第九条 提案的内容应当属于股东会职权范围,有明确议题和具体决议事项,并且符合法律、行政法规和公司章程的有关规定。

第十条 召集人在发出股东会通知后,不得修改股东会通知中已列明的提案或增加新的提案。

股东会通知中未列明或不符合本规则第九条规定的提案,股东会不得进行表决并作出决议。

第十一条 召集人应当在年度股东会召开十五日前以书面方式通知各股东,临时股东会应当于会议召开十日前以书面方式通知各股东。

第十二条 股东会拟讨论董事、监事选举事项的,股东会通知中应当充分披露董事、监事候选人的详细资料,至少包括以下内容:

(一)教育背景、工作经历、兼职等个人情况;

(二)与公司或其控股股东及实际控制人是否存在关联关系;

(三)披露持有公司股权的比例。

第十三条 股东会通知中应当列明会议时间、地点。发出股东会通知后,无正当理由,股东会不得延期或取消,股东会通知中列明的提案不得取消。一旦出现延期或取消的情形,召集人应当在原定召开日前至少两个工作日公告并说明原因。

第四章 股东会的召开、表决与决议

第十四条 公司应当在公司住所地或公司章程规定的地点召开股东会。

股东可以亲自出席股东会并行使表决权,也可以委托他人代为出席和在授权范围内行使表决权。

第十五条　公司召开股东会,全体董事、监事和董事会秘书应当出席会议,经理和其他高级管理人员应当列席会议。

第十六条　股东会由董事长主持。董事长不能履行职务或不履行职务时,由半数以上董事共同推举的一名董事主持。

监事会自行召集的股东会,由监事会主席主持。监事会主席不能履行职务或不履行职务时,由半数以上监事共同推举的一名监事主持。

股东自行召集的股东会,由召集人推举代表主持。

召开股东会时,会议主持人违反本议事规则使股东会无法继续进行的,经现场出席股东会有表决权过半数的股东同意,股东会可推举一人担任会议主持人,继续开会。

第十七条　在年度股东会上,董事会、监事会应当就其过去一年的工作向股东会作出报告。

第十八条　董事、监事、高级管理人员在股东会上应就股东的质询作出解释和说明。

第十九条　会议主持人应当在表决前宣布现场出席会议的股东和代理人人数,以及所持有表决权的比例。现场出席会议的股东和代理人人数,以及所持有表决权的比例以会议登记为准。

第二十条　股东与股东会拟审议事项有关联关系时,应当回避表决,其所持有表决权的股权不计入出席股东会有表决权的股权。

第二十一条　股东会审议提案时,不得对提案进行修改,否则,有关变更应当被视为一个新的提案,不得在本次股东会上进行表决。

第二十二条　出席股东会的股东,应当对提交表决的提案发表以下意见之一:同意、反对或弃权。

未填、错填、字迹无法辨认的表决票或未投的表决票均视为投票人放弃表决权利,其所持表决权股份的表决结果应计为"弃权"。

第二十三条　股东会对提案进行表决前,应当推举两名股东代表、监事代表参加计票和监票。审议事项与股东有关联关系的,相关股东及代理人不得参加计票、监票。

第二十四条　股东会决议分为普通决议和特别决议。

股东会作出普通决议,应当由出席股东会的股东(包括股东代理人)所持表决权的二分之一以上通过。

股东会作出特别决议,应当由出席股东会的股东(包括股东代理人)所持表决权的三分之二以上通过。

第二十五条 下列事项由股东会以普通决议通过：

（一）董事会和监事会的工作报告；

（二）董事会拟定的利润分配方案和弥补亏损方案；

（三）董事会和监事会成员的任免及其报酬的支付方法；

（四）公司年度预算方案、决算方案；

（五）公司年度报告；

（六）除法律、行政法规规定或者公司章程规定应当以特别决议通过以外的其他事项。

第二十六条 下列事项由股东会以特别决议通过：

（一）公司增加或者减少注册资本；

（二）公司的分立、合并、解散和清算；

（三）公司章程的修改；

（四）公司在一年内购买、出售重大资产或者担保金额超过公司总资产百分之三十的；

（五）股权激励计划；

（六）法律、行政法规或公司章程规定的，以及股东会以普通决议认定会对公司产生重大影响的、需要以特别决议通过的其他事项。

第二十七条 除上述第二十五条、第二十六条所列事项外，公司日常经营中的其他事项，可由董事会在其职权范围内审议批准。

第二十八条 股东会会议记录由董事会秘书负责，会议记录应记载以下内容：

（一）会议时间、地点、议程和召集人姓名或名称；

（二）会议主持人以及出席或列席会议的董事、监事、董事会秘书、经理和其他高级管理人员姓名；

（三）出席会议的股东和代理人人数、所持有表决权的股权比例及占公司注册资本的比例；

（四）对每一提案的审议经过、发言要点和表决结果；

（五）股东的质询意见或建议以及相应的答复或说明；

（六）计票人、监票人姓名；

（七）公司章程规定应当载入会议记录的其他内容。

出席会议的董事、董事会秘书、召集人或其代表、会议主持人应当在会议记录上签名，并保证会议记录内容真实、准确和完整。保存期限不少于十年。

第二十九条 召集人应当保证股东会连续举行，直至形成最终决议。因不可抗力等特殊原因导致股东会中止或不能作出决议的，应采取必要措施尽快恢复召开股东会或直接终止本次股东会。

第三十条 股东会通过有关董事、监事选举提案的,新任董事、监事任期自股东会审议通过之日起计算。

第三十一条 公司股东会决议内容违反法律、行政法规的无效。

股东会的会议召集程序、表决方式违反法律、行政法规或者公司章程,或者决议内容违反公司章程的,股东可以自决议作出之日起六十日内,请求人民法院撤销。

第五章 附 则

第三十二条 本规则所称"以上""内",含本数;"过""低于""多于",不含本数。

第三十三条 本规则没有规定或与法律法规、公司章程的规定不一致的,以法律法规、公司章程的规定为准。

第三十四条 本规则经股东会审议批准后生效。解释权属于董事会。

文书样式4:有限责任公司董事会会议议事规则参考范本

××有限责任公司董事会会议议事规则

第一条 为规范公司董事会的议事行为,建立完善的法人治理结构,确保公司董事会会议决策的科学和效率,根据《中华人民共和国公司法》(以下简称《公司法》)和《××有限责任公司章程》(以下简称《公司章程》)的有关规定,特制定本规则。

第二条 董事会办公室

董事会下设董事会办公室,处理董事会日常事务。

董事会秘书兼任董事会办公室负责人,保管董事会和董事会办公室印章。

第三条 定期会议

董事会会议分为定期会议和临时会议。

董事会每年应当至少在上下两个半年度各召开____次定期会议。

第四条 定期会议的提案

在发出召开董事会定期会议的通知前,董事会办公室应当逐一征求各董事的意见,初步形成会议提案后交董事长拟定。

董事长在拟定提案前,应当视需要征求总经理和其他高级管理人员的意见。

第五条　临时会议

有下列情形之一的,董事会应当召开临时会议:

(一) 董事长认为必要时;

(二) 三分之一以上董事联名提议时;

(三) 监事会提议时;

(四) 总经理提议时;

(五) 本公司《公司章程》规定的其他情形。

第六条　临时会议的提议程序

按照前条规定提议召开董事会临时会议的,应当通过董事会办公室或者直接向董事长提交经提议人签字(盖章)的书面提议。书面提议中应当载明下列事项:

(一) 提议人的姓名或者名称;

(二) 提议理由或者提议所基于的客观事由;

(三) 提议会议召开的时间或者时限、地点和方式;

(四) 明确和具体的提案;

(五) 提议人的联系方式和提议日期等。

提案内容属于本公司《公司章程》规定的董事会职权范围内的事项的,与提案有关的材料应当一并提交。

董事会办公室在收到上述书面提议和有关材料后,应当于当日转交董事长。董事长认为提案内容不明确、具体或者有关材料不充分的,可以要求提议人修改或者补充。

董事长应当自接到提议后十日内,召集董事会会议并主持会议。

第七条　会议的召集和主持

董事会会议由董事长召集和主持;董事长不能履行职务或者不履行职务的,由半数以上董事共同推举一名董事召集和主持。

第八条　会议通知

召开董事会定期会议和临时会议,董事会办公室应当分别提前十日和三日将盖有董事会办公室印章的书面会议通知,通过直接送达、传真、电子邮件或者其他方式,提交全体董事、监事、总经理和董事会秘书。非直接送达的,还应当通过电话进行确认并做相应记录。

情况紧急,需要尽快召开董事会临时会议的,可以随时通过电话或者其他口头方式发出会议通知,但召集人应当在会议上作出说明。

第九条　会议通知的内容

书面会议通知应当至少包括以下内容:

（一）会议的时间、地点；

（二）会议的召开方式；

（三）拟审议的事项（会议提案）；

（四）会议召集人和主持人、临时会议的提议人及其书面提议；

（五）董事表决所必需的会议材料；

（六）董事应当亲自出席或者委托其他董事代为出席会议的要求；

（七）联系人和联系方式。

口头会议通知至少应包括上述第（一）（二）项内容，以及情况紧急需要尽快召开董事会临时会议的说明。

第十条　会议通知的变更

董事会定期会议的书面会议通知发出后，如果需要变更会议的时间、地点等事项或者增加、变更、取消会议提案的，应当在原定会议召开日之前三日发出书面变更通知，说明情况和新提案的有关内容及相关材料。不足三日的，会议日期应当相应顺延或者取得全体与会董事的书面认可后按原定日期召开。

董事会临时会议的会议通知发出后，如果需要变更会议的时间、地点等事项或者增加、变更、取消会议提案的，应当事先取得全体与会董事的认可并做好相应记录。

第十一条　会议的召开

董事会会议应当有三分之二以上的董事出席方可举行。

监事可以列席董事会会议；总经理和董事会秘书应当列席董事会会议。会议主持人认为有必要的，可以通知其他有关人员列席董事会会议。

第十二条　亲自出席和委托出席

董事原则上应当亲自出席董事会会议。因故不能出席会议的，应当事先审阅会议材料，形成明确的意见，书面委托其他董事代为出席。

委托书应当载明：

（一）委托人和受托人的姓名、身份证号码；

（二）委托人不能出席会议的原因；

（三）委托人对每项提案的简要意见；

（四）委托人的授权范围和对提案表决意向的指示；

（五）委托人和受托人的签字、日期等。

受托董事应当向会议主持人提交书面委托书，在会议签到簿上说明受托出席的情况。

第十三条　关于委托出席的限制

委托和受托出席董事会会议应当遵循以下原则：

（一）在审议关联交易事项时，非关联董事不得委托关联董事代为出席；关联董事也不得接受非关联董事的委托；

（二）董事不得在未说明其本人对提案的个人意见和表决意向的情况下全权委托其他董事代为出席，有关董事也不得接受全权委托和授权不明确的委托；

（三）一名董事不得接受超过两名董事的委托，董事也不得委托已经接受两名其他董事委托的董事代为出席。

第十四条　会议召开方式

董事会会议以现场召开为原则。必要时，在保障董事充分表达意见的前提下，经召集人（主持人）、提议人同意，也可以通过视频、电话、传真或者电子邮件表决等方式召开。董事会会议也可以采取现场与其他方式同时进行的方式召开。

非以现场方式召开的，以视频显示在场的董事、在电话会议中发表意见的董事、在规定期限内实际收到传真或者电子邮件等有效表决票，或者董事事后提交的曾参加会议的书面确认函等计入出席会议的董事人数。

第十五条　会议审议程序

会议主持人应当逐一提请出席董事会会议的董事对各项提案发表明确的意见。

董事就同一提案重复发言，发言超出提案范围，以致影响其他董事发言或者阻碍会议正常进行的，会议主持人应当及时制止。

除征得全体与会董事的一致同意外，董事会会议不得就未包括在会议通知中的提案进行表决。

第十六条　发表意见

董事应当认真阅读有关会议材料，在充分了解情况的基础上独立、审慎地发表意见。

董事可以在会前向董事会办公室、会议召集人、总经理和其他高级管理人员、会计师事务所和律师事务所等有关人员和机构了解决策所需要的信息，也可以在会议进行中向主持人建议请上述人员和机构代表与会解释有关情况。

第十七条　会议表决

提案经过充分讨论后，主持人应当适时提请与会董事对提案逐一分别进行表决。

会议表决实行一人一票，以记名和书面方式进行。

董事的表决意向分为同意、反对和弃权。与会董事应当从上述意向中选择其一，未做选择或者同时选择两个以上意向的，会议主持人应当要求有关董事重新选择，拒不选择的，视为弃权；中途离开会场而未作选择的，视为弃权。

第十八条　表决结果的统计

与会董事表决完成后,董事会办公室有关工作人员应当及时收集董事的表决票,交董事会秘书在其他董事的监督下进行统计。

现场召开会议的,会议主持人应当当场宣布统计结果;其他情况下,会议主持人应当要求董事会秘书在规定的表决时限结束后下一工作日之前,通知董事表决结果。

董事在会议主持人宣布表决结果后或者规定的表决时限结束后进行表决的,其表决情况不予统计。

第十九条　决议的形成

除本规则第二十条规定的情形外,董事会审议通过会议提案并形成相关决议,必须有超过公司全体董事人数之半数的董事对该提案投赞成票。法律、行政法规和本公司《公司章程》规定董事会形成决议应当取得更多董事同意的,从其规定。

董事会根据本公司《公司章程》的规定,在对决定公司的经营计划和投资融资方案以及聘任或解聘公司总经理、副总经理及其他高管作出决议时,还必须经全体董事三分之二以上的董事同意。

不同决议在内容和含义上出现矛盾的,以时间上后形成的决议为准。

第二十条　回避表决

出现下述情形的,董事应当对有关提案回避表决:

(一)董事本人认为应当回避的情形;

(二)本公司《公司章程》规定的因董事与会议提案所涉及的企业有关联关系而需回避的其他情形。

在董事回避表决的情况下,有关董事会会议由过半数的无关联关系董事出席即可举行,形成决议须经无关联关系董事过半数通过。出席会议的无关联关系董事人数不足三人的,不得对有关提案进行表决,而应当将该事项提交股东大会审议。

第二十一条　不得越权

董事会应当严格按照股东大会和本公司《公司章程》的授权行事,不得越权形成决议。

第二十二条　关于利润分配和资本公积金转增股本的特别规定

董事会会议需要就公司利润分配、资本公积金转增股本事项作出决议,但注册会计师尚未出具正式审计报告的,会议首先应当根据注册会计师提供的审计报告草案(除涉及利润分配、资本公积金转增股本之外的其他财务数据均已确定)作出决议,待注册会计师出具正式审计报告后,再就相关事项作出决议。

第二十三条　提案未获通过的处理

提案未获通过的,在有关条件和因素未发生重大变化的情况下,董事会会议在一个月内不应当再审议内容相同的提案。

第二十四条　暂缓表决

二分之一以上的与会董事认为提案不明确、不具体,或者因会议材料不充分等其他事由导致其无法对有关事项作出判断时,会议主持人应当要求会议对该议题进行暂缓表决。

提议暂缓表决的董事应当对提案再次提交审议应满足的条件提出明确要求。

第二十五条　会议记录

董事会秘书应当安排董事会办公室工作人员对董事会会议做好记录。会议记录应当包括以下内容:

(一)会议届次和召开的时间、地点、方式;

(二)会议通知的发出情况;

(三)会议召集人和主持人;

(四)董事亲自出席和受托出席的情况;

(五)关于会议程序和召开情况的说明;

(六)会议审议的提案、每位董事对有关事项的发言要点和主要意见、对提案的表决意向;

(七)每项提案的表决方式和表决结果(说明具体的同意、反对、弃权票数);

(八)与会董事认为应当记载的其他事项。

第二十六条　会议纪要和决议记录

除会议记录外,董事会秘书还可以安排董事会办公室工作人员对会议召开情况作成简明扼要的会议纪要,根据统计的表决结果就会议所形成的决议制作单独的决议记录。

第二十七条　董事签字

与会董事应当代表其本人和委托其代为出席会议的董事对会议记录、会议纪要和决议记录进行签字确认。董事对会议记录、纪要或者决议有不同意见的,可以在签字时作出书面说明。

董事不按前款规定进行签字确认,不对其不同意见作出书面说明,视为完全同意会议记录、会议纪要和决议记录的内容。

第二十八条　决议的执行

董事长应当督促有关人员落实董事会决议,检查决议的实施情况,并在以后的董事会会议上通报已经形成的决议的执行情况。

第二十九条　会议档案的保存

董事会会议档案，包括会议通知和会议材料、会议签到簿、董事代为出席的授权委托书、会议录音资料、表决票、经与会董事签字确认的会议记录、会议纪要、决议记录、决议公告等，由董事会秘书负责保存。

公司董事会会议记录为永久性保管。

第三十条　附则

在本规则中，"以上"包括本数。

本规则由董事会制订，报股东大会批准后生效，修改时亦同。

本规则由董事会解释。

文书样式5：有限责任公司监事会会议议事规则参考范本

××有限责任公司监事会会议议事规则

第一条　为进一步明确公司监事会的职责，规范监事会的运作程序，充分发挥监事会的监督作用，保证公司依法经营、规范管理，保障公司监事会依法独立行使内部监督职能，更好地维护公司的利益和股东的权益，依据《中华人民共和国公司法》（以下简称《公司法》）、《××有限公司章程》（以下简称《公司章程》）的要求和有关规定，结合本公司的实际情况，制订本规则。

第二条　监事会办公室

监事会设监事会办公室，处理监事会日常事务。

监事会主席兼任监事会办公室负责人，保管监事会印章。

第三条　监事会定期会议和临时会议

监事会会议分为定期会议和临时会议。

监事会定期会议应当每年至少召开两次。出现下列情况之一的，监事会应当在十日内召开临时会议：

（一）任何监事提议召开时；

（二）股东大会、董事会会议通过了违反法律、行政法规、规章、监管部门的各种规定和要求，违反公司章程、公司股东大会决议和其他有关规定的决议时；

（三）董事和高级管理人员的不当行为可能给公司造成重大损害或者在市场中造成恶劣影响时；

（四）公司、董事、监事、高级管理人员被股东提起诉讼时；

（五）本《公司章程》规定的其他情形。

第四条 定期会议的提案

在发出召开监事会定期会议的通知之前，监事会办公室应当向全体监事征集会议提案，并至少用两天的时间向公司全体员工征求意见。在征集提案和征求意见时，监事会办公室应当说明监事会重在对公司规范运作和对董事、高级管理人员职务行为的监督而非公司经营管理的决策。

第五条 临时会议的提议程序

监事提议召开监事会临时会议的，应当通过监事会办公室或者直接向监事会主席提交经提议监事签字的书面提议。书面提议中应当载明下列事项：

（一）提议监事的姓名；

（二）提议理由或者提议所基于的客观事由；

（三）提议会议召开的时间或者时限、地点和方式；

（四）明确和具体的提案；

（五）提议监事的联系方式和提议日期等。

在监事会办公室或者监事会主席收到监事的书面提议后三日内，监事会办公室应当发出召开监事会临时会议的通知。

监事会办公室怠于发出会议通知的，提议监事应当及时向监管部门报告。

第六条 会议的召集和主持

监事会会议由监事会主席召集和主持；监事会主席不能履行职务或者不履行职务的，由半数以上监事共同推举一名监事召集和主持。

第七条 会议通知

召开监事会定期会议和临时会议，监事会办公室应当分别提前十日和三日将盖有监事会印章的书面会议通知，通过直接送达、传真、电子邮件或者其他方式，提交全体监事。非直接送达的，还应当通过电话进行确认并作相应记录。

情况紧急，需要尽快召开监事会临时会议的，可以随时通过口头或者电话等方式发出会议通知，但召集人应当在会议上作出说明。

第八条 会议通知的内容

书面会议通知应当至少包括以下内容：

（一）会议的时间、地点；

（二）拟审议的事项（会议提案）；

（三）会议召集人和主持人、临时会议的提议人及其书面提议；

（四）监事表决所必需的会议材料；

（五）监事应当亲自出席会议的要求；

（六）联系人和联系方式。

口头会议通知至少应包括上述第（一）（二）项的内容，以及情况紧急需要尽快

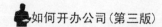

召开监事会临时会议的说明。

第九条 会议召开方式

监事会会议应当以现场方式召开。

紧急情况下,监事会会议可以通信方式进行表决,但监事会召集人(会议主持人)应当向与会监事说明具体的紧急情况。在通信表决时,监事应当将其对审议事项的书面意见和投票意向在签字确认后传真至监事会办公室。监事不应只写明投票意见而不表达其书面意见或者投票理由。

第十条 会议的召开

监事会会议应当由全体监事的三分之二以上出席方可举行。

董事会秘书应当列席监事会会议。

第十一条 会议审议程序

会议主持人应当逐一提请与会监事对各项提案发表明确的意见。

会议主持人应当根据监事的提议,要求董事、高级管理人员、公司其他员工或者相关中介机构业务人员到会接受质询。

第十二条 监事会决议

监事会会议的表决实行一人一票,以记名和书面方式进行。

监事的表决意向分为同意、反对和弃权。与会监事应当从上述意向中选择其一,未做选择或者同时选择两个以上意向的,会议主持人应当要求该监事重新选择,拒不选择的,视为弃权;中途离开会场而未作选择的,视为弃权。

监事会形成决议应当经出席会议的监事过半数同意。

第十三条 会议记录

监事会办公室工作人员应当对现场会议做好记录。会议记录应当包括以下内容:

(一)会议届次和召开的时间、地点、方式;

(二)会议通知的发出情况;

(三)会议召集人和主持人;

(四)会议出席情况;

(五)关于会议程序和召开情况的说明;

(六)会议审议的提案、每位监事对有关事项的发言要点和主要意见、对提案的表决意向;

(七)每项提案的表决方式和表决结果(说明具体的同意、反对、弃权票数);

(八)与会监事认为应当记载的其他事项。

第十四条 监事签字

与会监事应当对会议记录、会议纪要和决议记录进行签字确认。监事对会议记录、会议纪要或者决议记录有不同意见的,可以在签字时作出书面说明。

监事不按前款规定进行签字确认,不对其不同意见作出书面说明的,视为完全同意会议记录、会议纪要和决议记录的内容。

第十五条 决议的执行

监事应当督促有关人员落实监事会决议。监事会主席应当在以后的监事会会议上通报已经形成的决议的执行情况。

第十六条 会议档案的保存

监事会会议档案,包括会议通知和会议材料、会议签到簿、会议录音资料、表决票、经与会监事签字确认的会议记录、会议纪要、决议记录、决议公告等,由董事会秘书负责保管。董事会秘书可以委托监事会办公室代为保管。

监事会会议资料的保存期限为永久性保存。

第十七条 附则

本规则未尽事宜,参照本公司《董事会议事规则》的有关规定执行。

在本规则中,"以上"包括本数。

本规则由监事会制订报股东大会批准后生效,修改时亦同。

本规则由监事会解释。

文书样式6:有限责任公司总经理工作细则参考范本

××有限责任公司总经理工作细则

第一章 总 则

第一条 为了明确总经理的职责,保障总经理高效、协调、规范地行使职权,保障公司、股东、债权人的合法权益,促进公司生产经营和持续发展,根据《中华人民共和国公司法》(以下简称《公司法》)和《××有限责任公司章程》(以下简称《公司章程》)等有关规定,特制定本细则。

第二条 总经理是公司的高级管理人员,负责贯彻落实董事会决议,主持公司的生产经营和日常管理工作,并对董事会负责。

第三条 本细则所称的高级管理人员包括总经理、副总经理、总会计师、总工程师、总建筑师。

本细则规定了总经理和副总经理的职权和分工、总经理办公会议等内容。

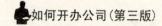

第二章 总经理的任免

第四条 公司总经理由董事长提名,董事会聘任或解聘;副总经理由总经理提名,董事会聘任或解聘。总经理对董事会负责,副总经理对总经理负责。

公司董事可受聘兼任公司高级管理人员。

第五条 公司设总经理一人,副总经理等若干人。

第六条 公司的总经理必须专职,总经理在控股股东单位及其下属企业中不得担任除董事、监事外的其他职务。总经理在本公司领薪。

第七条 总经理及副总经理每届任期三年,连聘可以连任。

第八条 总经理应具备以下条件:

(一)具有丰富的经济理论知识、管理知识及实践经验,具有较强的经营管理能力;

(二)具有调动员工积极性、建立合理的组织机构、协调各种内外关系和统揽全局的能力;

(三)具有一定年限的企业管理或经济工作经历,熟悉行业的生产经营业务和掌握国家有关政策、法律、法规;

(四)诚信勤勉,廉洁奉公、民主公道;

(五)年富力强,有较强的使命感和积极开拓的进取精神。

第九条 具有《公司法》第一百四十六条规定的情形以及被有关部门确定为市场禁入者,并且禁入尚未解除的人员,不得担任公司总经理或其他高级管理人员。

第十条 总经理在任职期间,可以向董事会提出辞职,但应于两个月前向董事会递交辞职报告,待董事会审计、批准后离任。若在不利于公司的情形下辞职或在董事会未正式批准前擅自离职等给公司造成损害的,总经理应负赔偿责任。

第十一条 董事会无正当理由不得拖延对辞职的审查,应于收到总经理辞职报告之日起一个月内给予正式批复。

第十二条 高级管理人员提出辞职时,需向总经理提交辞职报告,由总经理签字同意后报董事会批准。

第十三条 总经理离任必须进行离职审计。

第三章 总经理的职权

第十四条 总经理对董事会负责,行使下列职权:

(一)主持公司的生产经营管理工作,并向董事会报告工作;

（二）组织实施董事会决议、公司年度计划和投资方案；

（三）拟订公司内部管理机构设置方案；

（四）拟订公司的基本管理制度；

（五）制定公司的具体规章；

（六）提请董事会聘任或解聘公司副总经理及财务负责人；

（七）聘任或者解聘除应由董事会聘任或者解聘以外的管理人员；

（八）拟订公司职工的工资、福利、奖励方案，决定公司职工的聘用和解聘；

（九）提议召开董事会临时会议；

（十）出席董事会，并在职权范围内，代表公司对外处理业务；

（十一）公司章程或董事会授予的其他职权。

第十五条 总经理列席董事会会议，非董事总经理与会但无表决权。

第十六条 在紧急情况下，基于公司利益最大化的考虑，总经理对不属于自己职权范围而又必须立即决定的生产行政方面的问题，有先行处置权，但事后应向董事会报告。

第十七条 总经理因故暂不能履行职责时，可临时授权一名副总经理代为履行部分或全部职责，若代职期间较长（三十个工作日以上），应提交董事会决定该代理人。

第四章 总经理的责任和义务

第十八条 总经理必须遵照国家方针、政策，遵守法律、法规，信守公司章程，执行董事会决议，接受监事会的监督。

第十九条 总经理应当充分考虑并依照优势互补，互惠互利，公平、公正原则，妥善处理与关联方的关联关系。

第二十条 总经理应当根据董事会或者监事会的要求，向董事会或者监事会报告公司重大合同的签订、执行情况，资金运用情况和盈亏情况，总经理对该报告的真实性、完整性负责。

第二十一条 总经理应充分调动全体员工的积极性，竭力优化经营管理，努力开拓市场，全面促成公司经营管理目标，不断提高企业的综合经济效益，确保公司可持续发展，促进公司资产增值。

第二十二条 总经理应当对公司的商业行为是否符合国家的法律、行政法规、规章、规范性意见以及国家政策的要求负责。

第二十三条 总经理应当认真审查或查验公司的各项商务、财务报告，及时了解公司业务及经营管理状况。

第二十四条 总经理必须忠实履行职务,维护公司利益,不得利用在公司的职务便利牟取私利。

第二十五条 总经理与其他的公司高级管理人员对公司有诚信和勤勉义务,不得参与与本公司构成竞争或有其他可能损害公司利益的活动。

第二十六条 除非公司章程规定或经股东会、董事会批准,总经理不得泄露公司秘密,并承诺在离职后继续履行该义务(公司已将该信息合法披露者除外)。

第二十七条 总经理不得挪用公司资金或将公司资金借贷给他人,不得将公司资产以个人名义或他人名义开立账户存储,不得以公司资产为本公司股东或者他人债务提供担保。

第二十八条 未经董事会批准,总经理不得到其他公司兼职,自行到其他公司兼职的收入归公司所有,并由董事会制止其兼职行为并给予相应处理。

第二十九条 总经理行使职权时,应遵守法律、章程、股东会决议、董事会决议的各项规定,因违反以上规定而给公司造成损害的,应对公司负赔偿责任。

第三十条 总经理行使职权时,下列问题由总经理以书面形式提交董事会讨论决定:

(一)公司年度生产经营计划、投资方案及实现计划、方案的主要措施;
(二)公司职工的工资、福利、惩罚方案;
(三)提出聘任或解聘副总经理及其他高级管理人员的建议;
(四)公司内部管理机构的设置方案;
(五)公司有关基本管理制度的立、改、废;
(六)董事会授权总经理草拟的其他重要方案;
(七)总经理认为必须提交董事会讨论的其他问题。

第三十一条 总经理应承担国家法律、法规或公司章程规定的其他责任和义务。

第三十二条 公司其他高级管理人员应当主动、积极、有效地行使总经理赋予的职权,对分管工作负主要责任。本条例有关总经理的责任和义务适用于其他高级管理人员。

第五章 总经理的管理机构

第三十三条 总经理按照董事会决定的基本管理制度和授权范围,制定具体的管理规章,对公司进行管理。

第三十四条 副总经理及其他高级管理人员对总经理负责,按总经理授予的职权各司其职,协助总经理开展工作。

第三十五条　副总经理的分工由总经理作出决定,并以书面形式明确授权。

第三十六条　总经理班子人员在工作中必须紧密配合,相互支持。在紧急情况下,对不属于自己职责范围而又必须立即决定的问题,可先行处置,但事后应及时通报,并向总经理报告。

第三十七条　公司各职能部、室等分别行使各自的职能,部、室行政负责人对总经理负责。

第三十八条　总经理可根据需要提出缩编或扩编职能部门的方案,经董事会批准后执行。

第三十九条　公司各职能部、室行政负责人应定期向总经理报告所在部门的经营管理情况,总经理有对公司各职能部、室管理或指导、协调的权利和义务。

第四十条　总经理可根据需要设立若干由副总经理牵头负责的非建制的专门委员会或领导小组,对专项工作和有关事务进行协调、研究和处理。

第六章　总经理办公会议

第四十一条　总经理办公会议分为例行会议和临时会议。总经理例行办公会议一般情况每周召开一次。

第四十二条　有下列情形之一的,总经理应立即召开临时办公会议:

(一)总经理认为必要时;

(二)三分之一以上高级管理人员联名提议时;

(三)董事长认为必要时。

第四十三条　为协调工作,提高议事效率,秉着"精简、高效"的原则建立以下会议制度:

(一)会议由总经理召集、主持,副总经理、财务负责人及其他相关人员参加;总经理可根据会议内容指定或邀请其他人员参加或列席会议,必要时可邀请董事会代表、监事会代表列席会议;

(二)总经理因故不能履行职权时,由总经理指定的副总经理召集、主持会议。

第四十四条　总经理的议事事项:

(一)本条例第十三条中所规定的各项事项;

(二)董事会决定需由总经理提出的提案;

(三)有关日常经营、管理、科研活动中的重大问题和业务事项;

(四)公司章程规定或董事会认为必要的事项;

(五)总经理认为必要的其他事项。

第四十五条　上述所有事项经过充分讨论后未能达成一致意见的,由总经理作出决定。

第四十六条 参加会议人员(除列席人员和记录员外)在总经理就某一议事事项作出决定前,应客观、准确、真实、及时地向总经理提供可供其作出合理判断的基础性情况说明及相关资料。

第四十七条 总经理决定有关职工工资、福利、安全生产以及劳动保护、劳动保险、解聘(开除)公司职工等涉及职工切身利益的问题时,应当事先听取工会和职代会的意见,有关重大管理制度和规章应当提交职工代表大会审议通过。

第四十八条 总经理议事会议应作记录,记录应载明以下事项:
(一)会议名称、次数、时间、地点;
(二)主持人、出席、列席、记录人员之姓名;
(三)报告事项之案由及决定;
(四)讨论事项之案由、讨论情况及决定;
(五)出席人员要求记载的其他事项。

第四十九条 总经理办公会议的与会者对会议的决议承担责任。会议决议违反法律、法规或公司章程,致使公司遭受损失的,参加会议的与会者对公司承担赔偿责任。但经证明在表决时表明异议并记载于会议记录的,该与会者可以免除责任。对无故不出席会议或出席会议在表决时不表明态度或表决时弃权者,亦应负赔偿责任。

第五十条 总经理议事会议由办公室主任或指定人担任记录员,总经理办公会议主持人和记录员必须在会议记录上签名。总经理议事会议的会议记录为公司重要档案,由办公室保管。

第五十一条 定期或不定期地召开由有关副总经理负责的专业委员会或领导小组会议,定期召开会议协调处理有关工作。副总经理根据需要可召开本系统的工作例会。

第七章 总经理的报告事项

第五十二条 公司发生下列情形之一的,总经理应当立即向董事会报告:
(一)重要合同的订立、变更和终止(金额_____万元以上);
(二)重大经营性或非经营性亏损(金额_____万元以上);
(三)资产遭受重大损失(金额_____万元以上);
(四)可能依法负有的赔偿责任(金额_____万元以上);
(五)重大诉讼、仲裁事项(金额_____万元以上);
(六)重大行政处罚等(金额_____万元以上)。

第五十三条　公司发生重大责任事故、人身安全事故、设备事故、质量事故及其他对公司经营、管理、持续发展产生重大影响的事件,总经理应及时向董事会报告。

第五十四条　公司发生关联交易并且金额达下列情形之一的,总经理应在一个工作日内及时向董事会报告:

（一）公司与其关联人达成的关联交易总额在_____万元以上的;

（二）公司与同一关联法人在十二个月内签署的不同协议达上述标准的;

（三）公司向有关关联自然人一次性支付的现金或资产达30万元以上的;

（四）公司向同一关联自然人在连续十二个月内支付现金或资产达到上述标准的。

第五十五条　公司章程、董事会议事规则规定的或者总经理认为必要的其他报告事项。

第八章　总经理的奖惩

第五十六条　总经理的薪酬由董事会讨论决定。

第五十七条　总经理在经营管理中,忠实履行职责,为公司发展和经济效益作出贡献,完成董事会制定的年度目标利润等指标,应得到奖励;总经理因经营管理不善未完成年度经营指标,由董事会给予相应的处罚。具体奖惩办法另定。

第五十八条　如果公司董事会的决定不符合法律和行政法规的规定,或不符合公司的实际,导致总经理无法正常进行生产经营管理,造成总经理不能完成年度利润指标,总经理对此不承担责任。

第五十九条　总经理及高级管理人员违反国家法律、法规的,根据有关法律、法规的规定,追究法律责任。

第九章　附　　则

第六十条　本细则有关内容若与国家颁布的法律、法规不一致时,按国家规定办理。

第六十一条　本细则经董事会批准后生效。

第六十二条　本细则的解释权属董事会。